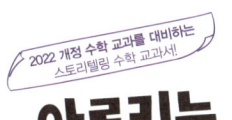

2022 개정 수학 교과를 대비하는
스토리텔링 수학 교과서!

아르키는
어림하기로
걸리버 아저씨를 구했어

초등 3·4학년 수학동화 시리즈 ❺
아르키는 어림하기로 걸리버 아저씨를 구했어(개정판)

3판 2쇄 발행 2025년 3월 18일

글쓴이	김승태
그린이	황하석
펴낸이	이경민

펴낸곳	㈜동아엠앤비
출판등록	2014년 3월 28일(제25100-2014-000025호)
홈페이지	www.moongchibooks.com
주소	(03972) 서울특별시 마포구 월드컵북로22길 21, 2층
전화	(편집) 02-392-6901 (마케팅) 02-392-6900
팩스	02-392-6902
전자우편	damnb0401@naver.com
SNS	

ⓒ 김승태, 황하석

ISBN 979-11-6363-168-2 (73410)

※ 책 가격은 뒤표지에 있습니다.
※ 잘못된 책은 구입한 곳에서 바꿔 드립니다.

도서출판 뭉치는 ㈜동아엠앤비의 어린이 출판 브랜드로, 아이들의 사고력을 높여주고, 창의력을 키워주기 위해 노력합니다. 우리 아이들이 사고뭉치와 창의뭉치로 성장할 수 있도록 좋은 책을 만들겠습니다.

초등 3·4학년
수학동화
5

2022 개정 수학 교과를 대비하는
스토리텔링 수학 교과서!

✓ 시각 읽기
✓ 길이(mm, km) 이해하기
✓ 어림하기 이해하기
✓ 시간 단위 이해하기

아르키는 어림하기로 걸리버 아저씨를 구했어

글 김승태 • 그림 황하석 • 감수 계영희

뭉치
MoongChi Books

추천의 글

　우리 자녀가 수학도 잘하고, 언어도 잘하면 얼마나 좋을까요? 지름길이 있어요! 바로 수학을 동화 속에서 만나는 것이지요. 수리적인 우뇌와 언어영역인 좌뇌의 성장을 골고루 촉진하는 방법은 바로 스토리텔링으로 하는 수학, 수학동화니까요.

　이 책은 초등 3, 4학년 학생이 읽으면 5, 6학년 수학 내용을 쉽고도 재미있게 터득하도록 기획하였어요. 아이들이 그 동안 알고 있던 동화의 주인공들이 모두 등장하여 화려하고 역동적인 무대가 펼쳐진답니다. 별주부전의 용왕님과 자라, 코가 길어졌던 피노키오, 착한 콩쥐와 심술쟁이 팥쥐, 새엄마와 언니들한테 괄시받다 왕자님과 결혼한 신데렐라, 가난했지만 착했던 흥부, 빨간 구두의 소녀 카렌 등 많은 동화 속의 주인공들이 등장하여 이야기를 흥미진진하게 이끌어가지요. 어렸을 적에 동화 속에서 만났던 주인공들의 이야기는 학습이 이루어지는 시냅스의 연결망에 흔적을 남기고, 훗날 교과서에서 수학을 배울 때 시냅스의 연결망이 자연스레 작동을 하게 되는 거죠.

　책 사이사이에 있는 Tips은 부모님들에게도 교양서 역할을 톡톡히 할 것입니다. 아이돌 가수의 수는 왜 홀수일까? 옛날 이집트인의 계산법, 공평하게 케

이크를 나누는 방법 등을 배울 수 있어요.

한편 2022년 개정 수학교과 과정에서는 수와 연산, 변화와 관계, 도형과 측정, 자료와 가능성 등 4개 영역으로 통합하였습니다. 이는 초등과 중등의 연계성 강화입니다. 〈초등 3·4학년 수학동화〉 시리즈는 교과 과정 변화에도 공통적으로 성취해야 할 수학 학습 내용이 모두 들어 있습니다. 부모님이 읽은 후 인지하여 서서히 생활 속에서 아이들과 대화를 이끌어나가면 중학수학, 고등수학에서도 유능하고 현명하게 소통하는 부모의 역할을 충분히 잘할 수 있답니다.

현재 세계 수학 교육의 방향을 선도하며 영향력을 미치는 기구로 1920년에 수학 교육 전문가들로 구성된 미국수학교사협의회(NCTM, The National Council of Teachers of Mathematics)가 있습니다. 21세기 인재 양성을 위해 NCTM에서 제시하는 수학 교육의 목표는, 수학적 문제를 해결하는 사람, 수학적으로 의사소통하는 사람, 수학적으로 추론하는 사람입니다. 부디 자녀와 학부모에게 수학적으로 소통할 수 있는 가교의 역할을 하길 기대하면서 이 책을 추천합니다.

계영희
고신대학교 유아교육과 명예교수, 전 한국수학사학회 부회장

작가의 말

　수학 실력에 보이지 않게 많은 영향력을 주는 것이 독서의 힘이에요. 독서하는 힘이 수학 능력을 기를 수 있지요. 2022년 개정 교과과정으로 수학 교과서도 검정으로 바뀌었어요. 학교마다 다른 교과서를 사용하지만 여전히 단원 시작 부분에는 스토리텔링을 통해 아이들의 학습 흥미를 유도하고 있어요. 그만큼 스토리텔링 수학은 여전히 중요하답니다. 왜 스토리텔링이 중요한지 수학을 연구하는 사람으로서 생각해 봤어요. 아이들은 수학이 어려울 때면 말해요. 수학은 일상생활에 쓰이지도 않는데 왜 학교에서 중요 과목으로 배워야 하냐고.

　이런 질문에 대한 답은 수학을 배워 왔던 어른들도 쉽게 답하기 힘들어요. 하지만 스토리텔링형 수학 교과서는 생활과 수학이 얼마나 밀접한가를 보여 줘요. 이 책은 이런 현실에 맞춰 재미있는 동화 속 주인공들이 수학의 현실성을 높이고 아이들이 좀 더 수학에 다가갈 수 있게 만들어요.

　유명한 동화와 함께 일상생활 속에 녹아 있는 수학을 찾는 재미 또한 아이들에게 많은 흥미를 줄 거예요. 이런 책을 자주 읽다 보면 아이들도 무의식 속에 일상생활 속에서 수학을 활용해 내는 힘을 기르게 되지요. 수학은 결코 현실과 따로 움직이는 과목이 아니에요. 수학은 태어날 때부터 인간의 생활을 편리하게 만들기 위해 생긴 학문이거든요. 그것을 농축하여 학교에서 배우기 때문에 딱딱하게 느껴지는 거예요.

수학은 실제로는 우리들의 생활 속에서 만들어진 과목이에요. 이런 수학을 동화 속에서 하나하나 보여줌으로써 아이들은 왜 수학을 배워야 하는지 몸소 느낄 수 있을 거예요. 스스로 찾아내고 깨우친 수학은 오래 가요. 그리고 이야기 속에서 길러진 수학은 훨씬 친근감 있게 다가가지요.

그런 의미로 「초등 3,4학년 수학동화」 시리즈는 아이들의 수학 발전에 상당히 도움이 될 거예요. 동화를 읽는 재미와 수학을 발견하는 재미에 푹 빠지다 보면 자신도 모르게 수학을 보는 시각이 달라져 있을 거예요.

아이들은 이야기를 원해요. 그리고 나는 이야기 속에서 수학을 찾는 재미를 아이들에게 느끼게 하고 싶어요. 아무쪼록 이 책을 읽은 학생들이 수학은 재미있구나 하고 느끼길 바랍니다.

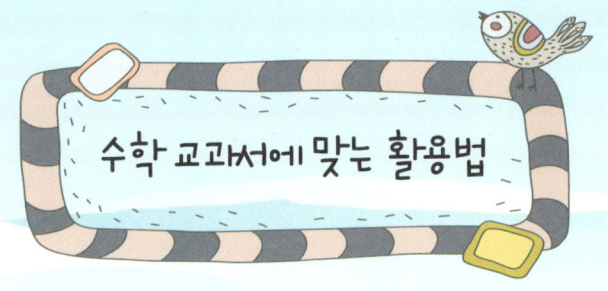

수학 교과서에 맞는 활용법

    2012년 1월 교육과학기술부는 사고력과 창의력을 키우고, 수학에 대한 흥미와 긍정적 인식을 높이기 위한 〈수학교육 선진화 방안〉을 발표하였습니다. 이 수학 교육 선진화 방안의 일환으로 '스토리텔링 수학'이 도입되었습니다. 개정된 수학 교과서는 형식은 스토리텔링 수학을, 내용에서는 실생활 연계 통합교과형(STEAM) 수학을 보여주었습니다.

    스토리텔링 수학의 핵심은 수학을 단순히 연산능력이나 공식 암기로 생각하지 않도록 이야기를 활용해 쉽고 재미있게 배운다는 것입니다. 학생들에게 실생활이나 동화의 익숙한 상황을 제시해 수학에 대해 호기심과 흥미를 유발할 뿐 아니라, 더 나아가 수학에 대한 인식을 개선하고 스스로 학습하는 동기를 부여합니다. 예를 들어 수학을 실생활에서 이야기나 과학, 음악, 미술 등의 연계 과목과 함께 접목해 설명하면서 개념을 보다 쉽게 이해하게 하는 학습법입니다.

    이후 2022 개정 교육과정이 발표되었습니다. 수학 교과서가 검정으로 바뀐 뒤 학교마다 다른 교과서를 사용하지만 기본적으로 꼭 알아야 할 성취 기준은 공통입니다. 또한 초중등 수학의 목표는 '초등과 중등의 연계성 강화'입니다. 이를 위해 교과 영역을 통합하고 과정을 간

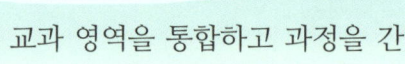

소화합니다. 즉 크게 수와 연산, 변화와 관계, 도형과 측정, 자료와 가능성 등 4개 영역으로 통합하였습니다. 하지만 여전히 단원 시작은 스토리텔링을 통해 학생들의 호기심과 흥미를 유발합니다.

    그럼 스토리텔링 수학은 어떻게 준비해야 할까요? 전문가들은 일상에서 수학적 요소를 파악하는 것에 재미를 느낄 수 있도록 체험 활동과 독서 활동을 추천합니다.

    「초등 3·4학년 수학동화」 시리즈는 이러한 수학교육의 변화에 맞춘 학습 동화입니다. 아이들에게 익숙한 명작동화나 전래동화의 주인공들과 저명한 수학자의 이름을 가진 주인공들이 동화나라를 구하기 위해 여러 가지 모험을 펼치는 이야기로 주인공들을 따라가다 보면 자연스럽게 학습 내용을 익히도록 구성되었습니다. 또한 한 장이 끝날 때마다 앞에서 배운 내용들을 정리하고, 책 속 부록인 '역사에서 수학 읽기', '생활 속에서 수학 읽기', '체육에서 수학 읽기' 등은 생활 연계 통합교과형 수학에 부합하도록 구성되어 있습니다.

    「초등 3·4학년 수학동화」 시리즈는 수학을 좀 더 재미있고 쉽게 배울 수 있는 최적의 수학 동화 시리즈입니다. 동화 속 주인공들과 함께 신나는 모험을 떠나 보세요. 그러면 자신도 모르는 사이에 수학 개념과 문제 해결 방법을 깨닫고 수학에 흥미를 가지게 될 것입니다.

편집부

친구들을 소개할게요.

안억기(아르키)

아르키메데스에서 따와 안억기라고 이름 붙였어요. 하지만 억기는 자신의 이름을 싫어해요. 매씨는 억기를 아르키라고 불러요.

매씨

아르키의 애완견으로 동화책을 통해 동화 나라로 갈 수 있는 능력이 있어요. 게다가 아르키 못지않게 수학을 아주 잘한답니다.

어린왕자

걸리버 아저씨가 도움을 요청하러 간 사이 걸리버 여행기를 맡고 있어요.

차례

추천의 글 • 4
작가의 말 • 6
수학 교과서에 맞는 활용법 • 8
친구들을 소개할게요 • 10

이야기 하나

어린왕자와 킬로미터 코끼리 • 14

　　길이 재기
　　시간과 길이

이야기 둘

시계를 못 보는 이상한 나라의 토끼 • 42

　　시각과 시간
　　시간과 길이

"쿵"

오늘도 억기의 발길질로 문이 열렸어요. 손보다 발이 먼저라는 억기.

"억기야. 또 학교에서 친구들이 이름 가지고 놀렸니?"

부엌에서 음식을 만들던 엄마가 억기에게 부드럽게 물었어요.

"억기가 뭐야. 억기가. 억지도 아니고. 에잇!"

엄마가 손을 씻으며 부엌에서 나왔어요.

"억기야. 억기라는 이름은 아빠가 지어주신 자랑스러운 이름이잖니."

"싫어. 나는 억기라는 이름이 싫다고"

억기의 아빠는 수학 선생님이에요. 아빠는 수학을 진짜 사랑하는데, 아빠가 가장 존경하는 수학자는 아르키메데스예요. 그래서 억기네 집에는 아르키메데스의 사진이 이곳저곳에 많이 붙어 있어요. 다른 집 같으면 가족사진이나 연예인 사진이 붙어 있겠지만…….

"억기야. 안억기야. 안억기는 아르키와 비슷하지요. 랄랄라."

아빠가 퇴근하고 들어오면서 이상한 가사로 노래를 했어요.

"안억기야. 너는 아르키메데스를 한국식으로 만든 훌륭한 이름이

란다."

"알아요. 알아. 아르키메데스는 지렛대만 있으면 지구도 들어 올릴 수 있는 수학자라는 걸요. 하지만 아이들이……."

 억기도 자신의 이름이 왜 그런지 알고 있어요. 하지만 아이들이 놀리면 한 번씩 골이 나는 건 어쩔 수 없어요. 그런 일을 짐작한 아빠가 억기에게 말했어요.

"하지만 억기야. 너는 다른 아이들에 비해 수학을 굉장히 잘 하잖니. 물론 이 훌륭한 아버지 밑에서 만날 수학을 배워서 그렇기도 하지만. 하하하."

아빠의 말에 화가 약간 풀린 억기는 입을 내빼며 삐죽한 표정을 지었어요.

이때, 억기에게 개 한 마리가 다가와 억기의 발을 핥아 줬어요. 개도 주인을 닮아 역시 손보다 발을 잘 핥아요.

"매씨야. 너는 내 마음 알지?"

"왈왈!"

여러분은 수학을 잘하는 개가 있다면 믿으시겠어요? 매씨는 아주 특이한 개예요. 생긴 건 다른 개들과 같지만, 매씨가 동화책을 한 권 물고 오면 억기는 그 동화 속으로 여행을 떠나게 돼요. 게다가 동화 나라로 가면 억기만큼이나 수학을 잘 한답니다. 이 사실은 아무도 몰라요. 여러분만 빼고요!

어느 분리수거일 날 매씨가 책 한 권을 물고 왔어요. 누군가 버린 오래된 동화책이었지요. 별로 특이할 것도 없는 그냥 『걸리버 여행기』였어요.

"앗, 매씨야. 왜 걸리버 여행기를 물고 온 거야? 나 지금 수학 공부하는 중이야. 나중에 놀아줄게!"

그때 매씨가 억기를 쳐다보며 말했어요.

"지금 놀아달라는 게 아니야. 아르키. 동화 나라에 문제가 생겼단 말이야."

매씨는 억기를 아르키라고 불렀어요.

"뭐라고? 걸리버 여행기에 문제가 생겼단 게 확실해?"

억기의 질문에 매씨가 대답했어요.

"응! 우리가 출동해서 바로잡자. 아르키, 준비 됐지?"

매씨가 침이 잔뜩 묻은 혀로 책장을 넘기자 억기와 매씨는 동화책 속으로 빨려들어 갔어요.

"엥, 매씨야. 네가 주워온 책이 걸리버 여행기 맞니?"

"왜? 뭐가 잘못됐니?"

"매씨, 네 눈에는 저 아이가 누구 같아? 봐 봐!"

어? 분명히 걸리버 여행기 속으로 들어왔는데 모래밭에서 장난을 치고 있는 건 어린 왕자였어요.

어린 왕자가 이쪽을 쳐다봤어요.

"안녕?"

"응, 안녕? 근데 여기는 걸리버 여행기인데 네가 왜 있는 거야?"

"헤헤, 요즘 그런 말 자주 들었어. 그게 말이야, 저것 때문이야."

어린 왕자가 폭포를 가리켰어요.

"폭포잖아, 어? 그런데 왜 저래?"

폭포 물이 위에서 아래로 떨어지는 것이 아니라 아래에서 위로 분수처럼 올라갔어요.

어린왕자가 말했어요.

"저것 때문에 걸리버 아저씨가 잠시 동화를 나에게 맡기고 도움을 청하러 갔어."

"참나, 주인공이 이야기를 비워 놓고 가도 되는 거야?"

매씨가 심각하게 말했어요.

"큰일인데. 걸리버 여행기가 뒤죽박죽이 된 이유가 바로 동화 속 주인공들의 수학 실력이 떨어지면서 일어난 일인 것 같아."

"그럼 우리가 동화 속 수학을 바로잡으면 걸리버 여행기는 원래대로 돌아올 수 있겠네."

"그럼, 이번 일은 동화를 사랑하는 아이들을 위해서 정말 중요한 일이 될 거야."

매씨가 앞발로 가슴을 툭툭 치며 사명감에 차서 말했어요.

어린왕자도 슬픈 표정을 지으며 말했어요.

"나도 그래. 빨리 걸리버 아저씨가 와서 재미난 이야기를 들려주면 참 좋겠어."

세 명은 함께 수학을 바로잡기로 다짐을 했어요.

"그런데 넌 뭘 하고 있었어?"

아르키가 어린왕자에게 물었어요.

그러자 어린왕자가 모래 위에 써 놓은 것을 가리키며 말했어요.

1mm

"이 그림이 계속 머릿속을 맴도는데 이게 무슨 뜻인지 모르겠어. 아르키. 너는 이렇게 개미 두 마리가 따라다니는 것이 뭔지 아니?"

수학을 잘 모르는 어린왕자는 밀리미터(mm)를 개미 두 마리라고 불렀어요. 아르키와 매씨는 어린왕자의 물음에 한바탕 웃고 밀리미터에 대해 말해줬어요.

"1mm는 1cm(센티미터)를 열 조각으로 나누어 그중 한 조각의 크기를 말하는 거야. 이걸 1밀리미터라고 불러."

매씨가 자를 하나 들고 와서 보여줬어요.

어린왕자가 말했어요.

"아하, 나는 여태까지 밀리미터를 개미 두 마리라고 읽었어. 하하하"

매씨가 모래 위에 다음과 같이 썼어요.

1cm= 10mm

"1cm(센티미터)는 10mm(밀리미터)와 같아."

어린왕자가 하늘을 보며 말했어요.

"음, 그렇구나. 1cm(센티미터)는 개미 두 마리로 표현하면 10이 되는구나."

이때 개미 두 마리가 나뭇잎에 10이라는 수를 써서 물고 갔어요. 동화 나라의 수학이 점점 제자리를 찾아가고 있나 봐요.

어린 왕자의 눈이 반짝였어요. 다른 개미들이 물고 가는 나뭇잎에 벌레가 먹은 자국이 이상하게 나 있었거든요.

6cm 5mm

아르키가 신기해하며 말했어요.

"어린 왕자, 내가 6cm 5mm에 대해 여러 가지 표현 방법을 알려줄게."

어린 왕자가 손바닥 위에 개미들을 올려놓으며 귀를 쫑긋 세웠어요.

"1cm=10mm다. 이건 외워야 해."

어린왕자는 외우는 것은 싫지만 동화 나라를

바로잡아야 한다는 사명감에 두 눈을 부릅뜨고 큰소리로 외웠어요.

6cm 5mm = (　)mm + 5mm = (　)mm

"수학은 문제를 풀어보고 맞추는 재미가 있어."
아르키가 모래밭에 위와 같이 쓰고, 어린왕자에게 말했어요.

미터법의 탄생

처음부터 1m가 1m는 아니었어요. 무슨 말인가 하면, 어느 정도의 거리를 1m로 할지 정해지는 데에는 수많은 사연이 있었어요.
1790년에 많은 학자들이 프랑스에 모여 1m의 값을 정했어요. 이때의 1m는 적도에서 프랑스 파리를 거쳐서 북극까지의 거리를 천만 분의 일로 나누어서 그 하나를 1m로 정했지요.
현재는 과학의 발전에 힘입어 '빛이 진공 상태에서 299792458분의 1초 동안에 이동한 거리'를 1m로 정해요.

어린왕자가 아르키가 낸 문제를 보고 귀엽게 고민을 하다가 손바닥 위에 있는 개미들을 내려놓고 글을 썼어요.

"응, 첫 번째 괄호 안의 답은 1cm가 10mm라는 것을 이용하면 60이 되겠다. 맞지?"

아르키와 매씨는 어린 왕자의 수학 실력에 감탄했어요.

기분이 좋아진 어린 왕자는 두 번째 괄호의 답은 더욱 쉽게 맞혔어요.

"60mm와 5mm는 같은 단위니까 그냥 더하면 되잖아. 65mm 맞지?"

어린 왕자가 정답을 맞히자. 개미떼들이 일어나서 춤을 췄어요.

아르키도 칭찬하며 말했어요.

"어때? 수학 문제를 푸는 것도 꽤 즐겁지? 이 기분으로 밀리미터의 합과 차에 대해서도 배워볼까?"

모두들 즐겁게 함성을 질렀어요.

$$5cm\ 7mm + 2cm\ 8mm =$$

매씨가 순수한 어린왕자의 눈을 보며 살짝 힌트를 줬어요.

"밀리미터 단위끼리의 합이 10이거나 10보다 크면 10mm를 1cm로 받아올림을 해야 해."

매씨의 힌트를 듣고 어린왕자는 가늘고 흰 손으로 모래에 식을 썼어요.

$$\begin{array}{r} 5\text{cm}\ \ 7\text{mm} \\ +\ 2\text{cm}\ \ 8\text{mm} \\ \hline \end{array}$$

어린왕자가 쓴 식을 보며 아르키는 두 손 모아 칭찬했어요.

"잘했어. 긴 수학식은 가로로 쭉 늘어놓는 것보다는 세로로 써서 푸는 게 편해."

어린왕자가 계산을 시작하자 아르키는 마음속으로 생각했어요.

'세로 셈 계산은 뒤에서부터 해야 하는데……. 어린왕자가 과연 잘 해낼까?'

$$\begin{array}{r} 5\text{cm}\ \ \ 7\text{mm} \\ +\ 2\text{cm}\ \ \ 8\text{mm} \\ \hline 7\text{cm}\ \ 15\text{mm} \end{array}$$

어린 왕자의 계산에 개미들이 환호를 질렀어요. 하지만 어린왕자는 고운 입술 위에 손가락을 올려 조용히 하라는 표시를 했어요. 계산이 끝난 게 아니었어요. 바라보는 아르키와 매씨의 마음도 조마조마했어요.

와우, 어린왕자가 해냈어요. 10mm는 1cm이므로 7cm 15mm의 15mm에서 10mm를 떼어내서 한자리를 올려 주었어요.

$$\begin{array}{r} 5\text{cm}\ \ 7\text{mm} \\ +\ 2\text{cm}\ \ 8\text{mm} \\ \hline 7\text{cm}\ \ 15\text{mm} \\ +\ 1\text{cm} - 10\text{mm} \\ \hline 8\text{cm}\ \ 5\text{mm} \end{array}$$

와! 아르키가 펄쩍 뛰면서 환호하고, 매씨는 박수를 쳤어요. 개미들도 신이 나 춤을 추고 난리였어요. 그때였어요.

쿵쿵쿵.

땅이 흔들리며 어디선가 코끼리가 나타났어요.

아르키가 먼저 알아보았어요.

"코끼리네. 그런데 슬퍼 보여."

슬픈 코끼리는 귀까지 축 처져 있었어요.

"무슨 일이 있니?"

다정하게 물어보는 어린왕자에게 코끼리가 다가왔어요.

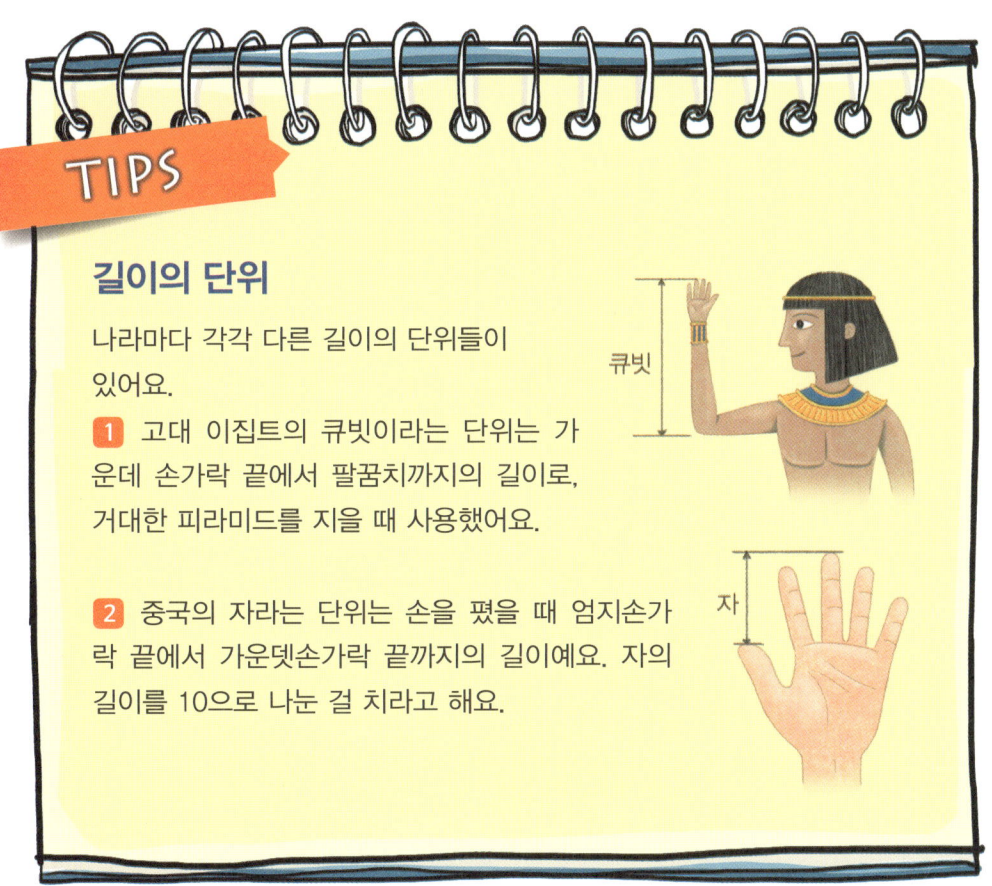

길이의 단위

나라마다 각각 다른 길이의 단위들이 있어요.

1 고대 이집트의 큐빗이라는 단위는 가운데 손가락 끝에서 팔꿈치까지의 길이로, 거대한 피라미드를 지을 때 사용했어요.

2 중국의 자라는 단위는 손을 폈을 때 엄지손가락 끝에서 가운뎃손가락 끝까지의 길이예요. 자의 길이를 10으로 나눈 걸 치라고 해요.

 이 코끼리는 이름이 킬로미터였어요. 그래서 그런지 코끼리가 코를 위로 들어 올리자, 그의 모습이 km와 많이 닮아 보였어요.
 그 모습에 매씨가 큰 소리로 말했어요.
 "우와, 아주 수학적인 코끼리구나. 그런데 왜 그렇게 슬픈 표정이야?"

매씨의 질문에 킬로미터 코끼리는 대답했어요.

"나는 고향으로 돌아가고 싶은데 가는 방법이 기억이 안 나. 내 이름의 의미를 기억해 내지 못하면 영영 돌아가지 못할 거야."

"킬로미터 코끼리야, 너무 걱정하지 마. 내가 킬로미터의 개념과 계산 방법을 알려줄게."

아르키의 말에 킬로미터 코끼리의 얼굴이 환해지면서 기뻐하며 쿵쿵 뛰었어요.

아르키가 코끼리에게 말했어요.

"킬로미터 코끼리야, 1km는 1000m란다. 즉 1m가 천 개 모여야 1km가 돼."

코끼리는 기뻐하며 코로 모래에 식을 썼어요.

$$1km = 1000m$$

1km가 1000m라는 걸 알게 된 코끼리는 마냥 기쁘기만 했어요.

이번에는 매씨가 코끼리에게 킬로미터의 계산 방법에 대해 가르쳐 주겠다고 나섰어요.

$$4km\ 600m$$

"4km 600m는 4km보다 600m가 더 긴 것을 말해."

코끼리는 매씨가 가르쳐준 걸 듣고 따라했어요.

"4킬로미터 600미터."

아르키가 다시 한 번 정리하여 말했어요.

"4km보다 600m 더 먼 거리를 4km 600m라 쓰고, 4킬로미터 600미터라고 읽어. 그리고 4km 600m는 미터만으로 나타낼 수도 있어."

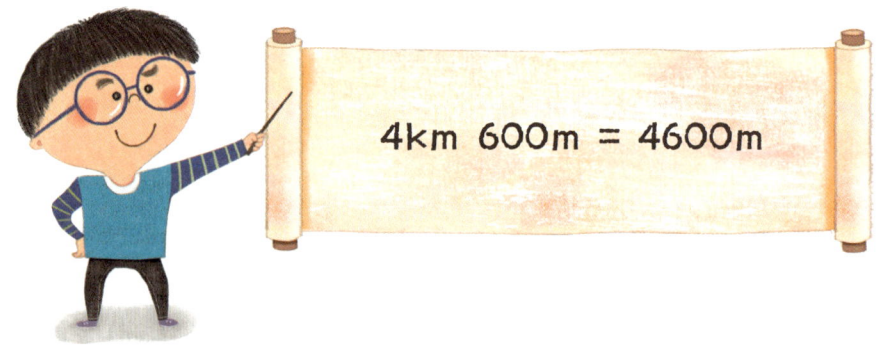

"킬로미터와 미터를 미터 하나로 나타내다니, 대단하다."

어린왕자와 코끼리는 깜짝 놀랐어요. 그러자 아르키가 천천히 설명했어요.

"4km는 1킬로미터가 1000미터니까 4000m로 나타낼 수 있어. 그러니 4000m+600m= 4600m가 되지."

천천히 알려주자 코끼리가 기쁘게 코를 들어 올리며 말했어요.
"아, 알겠어. 1km가 1000m니까 그렇다는 거지?"

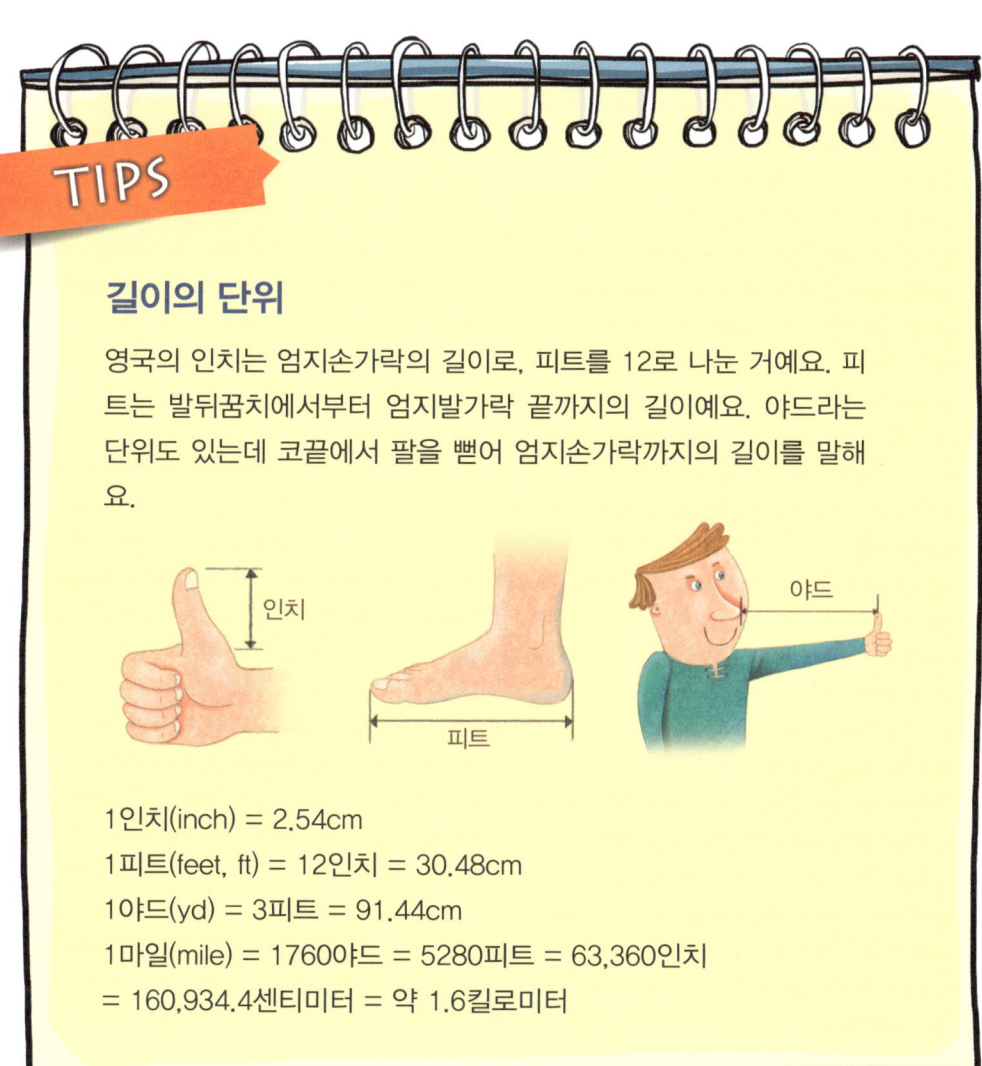

길이의 단위

영국의 인치는 엄지손가락의 길이로, 피트를 12로 나눈 거예요. 피트는 발뒤꿈치에서부터 엄지발가락 끝까지의 길이예요. 야드라는 단위도 있는데 코끝에서 팔을 뻗어 엄지손가락까지의 길이를 말해요.

1인치(inch) = 2.54cm
1피트(feet, ft) = 12인치 = 30.48cm
1야드(yd) = 3피트 = 91.44cm
1마일(mile) = 1760야드 = 5280피트 = 63,360인치
= 160,934.4센티미터 = 약 1.6킬로미터

아르키와 매씨는 코끼리를 칭찬해주었어요.

그때였어요. 주변이 갑자기 환해졌어요. 그리고 점점 더워지기 시작했죠.

"왜 이렇게 더워진 거야?"

그때 어린왕자가 다급하게 외쳤어요.

"저길 봐. 저 산모퉁이에 불이 났어. 큰일이야."

모두들 놀랐어요. 다행이 불이 아직 크게 번지지 않았어요.

"서둘러 불을 꺼야 해!"

매씨가 말했어요.

"어떻게 꺼? 여긴 아무것도 없잖아."

아르키가 주변을 둘러보며 말했어요.

어린왕자가 코끼리를 돌아보며 말했어요.

"코끼리야, 너는 동화 나라 소방관이잖아. 어서 가서 물을 길러와서 불을 꺼줘. 서둘러!"

하지만 코끼리는 머뭇거렸어요.

그 모습에 아르키가 물었어요.

"왜 그래?"

킬로미터 코끼리가 말했어요.

"물을 길어 올 곳의 위치와 불이 난 곳까지의 거리를 알아야 물을 길어와 불을 끌 수 있어. 전체 거리를 모르면 움직일 수 없거든."

동화 나라에서 규칙은 절대 어겨서는 안 돼요.

아르키는 이대로 지켜보기만 할 수는 없었어요.

"그게 규칙이라면 지켜야지. 자, 그럼 생각을 해보자. 일단 우리가 있는 장소에서 물을 길어 올 수 있는 강가까지의 거리가 5km 750m야. 그리고 그 강에서 불이 난 곳까지의 거리는 7km 530m지."

매씨가 말했어요.

"그럼 이제 두 거리를 더하기만 하면 코끼리가 불을 끄러 갈 수 있겠네."

이때 어린왕자가 걱정하며 말했어요.

"계산은 반드시 코끼리가 직접 해야 해. 이것도 동화 나라 소방관의 역할이니까. 모두들 코끼리를 믿을 수밖에 없어. 코끼리야, 힘내!"

이때, 아르키가 말했어요.

"그래도 힌트는 줄 수 있겠지? 코끼리야, 기억해! 1km는 1000m야. 단위끼리의 합이 1000m이거나 1000m보다 크면 1000m를

1km로 받아올림해야 해. 코끼리 파이팅!"

이번에는 매씨가 말했어요.

"코끼리야, 계산할 때는 세로 셈이 편해."

마지막으로 어린 왕자가 말했어요.

"그리고 직접 쓰면서 하는 게 좋지? 땅에 쓸 막대기 여기 있어."

코끼리는 어린 왕자에게 막대기를 받아 식을 써 내려갔어요.

$$
\begin{array}{r}
5\text{km}\ \ 750\text{m} \\
+\ 7\text{km}\ \ 530\text{m} \\
\hline
12\text{km}\ 1280\text{m}
\end{array}
$$

이 순간이 고비였어요. 코끼리는 잠시 멈칫하다가 아르키와 눈이 마주치자 미소를 지었어요. 모두들 숨죽이고 코끼리의 다음 계산을 지켜봤어요.

$$
\begin{array}{r}
12\text{km}\ \ 1280\text{m} \\
+\ 1\text{km}\ -1000\text{m} \\
\hline
13\text{km}\ \ \ 280\text{m}
\end{array}
$$

1000m를 받아올리면
1280은 280이 되고
12km에 1km를 더해 줍니다.

코끼리는 무사히 계산을 마치고 강으로 달려가서는 물을 퍼와 불을 완전히 꺼 버렸어요. 모두 춤을 추고 기뻐했지요. 이제 아르키와 매씨는 걸리버 아저씨를 찾아 다음 장으로 넘어가기로 했어요.

내용정리

길이의 단위

센티미터(cm)와 밀리미터(mm)는 길이를 재는 단위예요.
1센티미터를 똑같이 열 칸으로 나눈 길이를 1밀리미터라고 해요.

1cm = 10mm

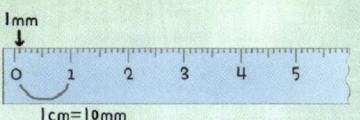

1미터(m)는 1센티미터의 100배가 되는 거리고, 먼 거리를 나타내는 1킬로미터(km)는 1미터의 1000배가 돼요.

1km = 1,000m = 100,000cm = 1,000,000mm

길이의 합과 차

길이도 더하고 뺄 수 있어요. 길이를 더하거나 뺄 때는 같은 단위끼리 계산해 주면 돼요.
만일 같은 단위끼리 뺄 수 없을 때는 1cm는 10mm로, 1m는 100cm로, 1km는 1000m로 받아올림하거나 받아내림해서 계산해 줘요.

천문학에서 수학 읽기

1광년은 몇 km일까요?

빛이 1년 동안 가는 거리를 1광년이라고 해요.
지구에서 태양까지의 거리는 약 1억 5천만 킬로미터예요. 이 거리를 사람이 걸어서 간다면 2854년이 걸려요. 하지만 이렇게 먼 거리도 빛은 단 8분 18초 만에 갈 수 있어요. 빛은 1초에 약 30만 킬로미터를 갈 수 있으니까요. 그럼 1년 동안 빛이 간다면 얼마나 먼 거리를 갈 수 있을까요? 1년은 3153만 6000초이니까 여기에 30만 킬로미터를 곱하면 1년에 약 9조 4608억 km라는 엄청난 거리를 가게 돼요. 이게 바로 1광년이랍니다.

아주 작은 단위까지 볼 수 있는 현미경과 아주 먼 거리를 볼 수 있는 망원경

현미경은 눈으로 볼 수 없는 세포라는 작은 조직을 눈으로 보기 위하여 만들어진 도구예요. 세포의 자세한 구조를 알기 위해서는 현미경을 이용해야 해요. 현미경을 사용해서 처음으로 세포를 관찰한 사람은 영국의 후크라는 사람이에요. 그는 간단한 현미경을 만든 후, 코르크 조직을 관찰하여 그 조직이 벌집과 같은 작은 방으로 이루어졌음을 발견했어요. 그리고 이를 세포라고 처음 이름 붙였어요. 이때 사용된 현미경은 크게 나타낼 수 있는 능력이 약 270배였어요. 오늘날에는 컴퓨터가 들어 있는 현미경으로 더 작은 세포도 볼 수 있답니다.
이제 먼 거리를 볼 수 있도록 만들어진 망원경에

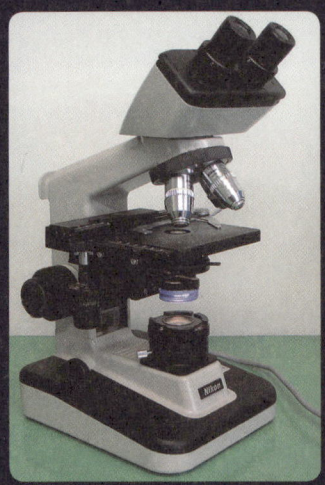

전자 현미경

대해 알아볼까요?

망원경은 렌즈 또는 반사경을 여러 개 조립하여 멀리 있는 물체를 확대하여 보는 광학기기예요. 망원경으로는 하늘의 별도 관찰할 수 있어요. 이렇게 하늘의 별을 관찰하는 망원경을 천체망원경이라고 해요.

천체 망원경은 볼록렌즈나 거울을 이용하여 별빛을 모아 별들의 모습을 만들고, 이 모습을 크게 만들어 관측하는 거예요. 17세기 초 네덜란드의 안경 제조업자였던 리페르스헤이가 최초의 굴절 망원경을 만들었지만, 망원경으로 처음 천체를 관측한 사람은 갈릴레이였어요. 갈릴레이의 망원경은 천체 망원경의 입구가 4cm, 초점거리가 1m가 조금 넘는, 크게 나타낼 수 있는 능력이 32배인 초라한 망원경이었어요. 그래도 갈릴레이는 이 망원경으로 금성의 모양 변화와 목성의 위성을 관찰하여 천동설이 틀렸다는 증거를 찾아 낼 수 있었죠.

오늘날의 천체망원경의 성능은 여러분의 상상을 뛰어넘을 정도로 발달하고 있답니다.

천체 망원경

매씨가 침이 잔뜩 묻은 혀를 쑤욱 내밀었어요. 철퍼덕! 책장이 넘어가며 걸리버 여행기의 2장이 시작되었어요.

"영차, 영차."

어디선가 거북이 땀을 뻘뻘 흘리며 열심히 기어왔어요.

아르키가 물었어요.

"거북아, 어딜 그렇게 빨리 달려가니? 하하하"

빨리 달린다는 말이 우스워 아르키는 웃음을 터뜨렸어요.

"응, 바보 같은 토끼 녀석이 따라와서 빨리 가야해."

"왜 토끼가 바보 같은데?"

"그 바보 토끼는 시간도 볼 줄 몰라. 그런 토끼에게 달리기 시합에서 질 수 없지."

"뭐, 토끼가 시간을 모른다고. 이상하네."

거북이 어디론가 사라지고 회중시계를 들고 토끼 한 마리가 나타났어요.

"어, 저 토끼는 이상한 나라 앨리스에 나오는 토끼잖아."

"정말 그렇네."

매씨가 벌떡 일어서서 토끼를 자세히 살펴봤어요. 확실히 이상한 나라에 나오는 그 토끼가 맞아요.

토끼는 주위를 두리번거리며 혼자서 중얼거렸어요.

"바쁘다. 바빠. 그런데 시간을 몰라."

아르키가 토끼에게 다가가 시계를 가리키며 물었어요.

"토끼야. 네가 들고 있는 시계를 보면 시간을 알 수 있잖아."

"응? 이건 호두 까는 도구야."

그러며 토끼는 회중시계로 호두를 깨서 호두알을 허겁지겁 먹었어요.

매씨가 말했어요.

"저 토끼. 아무래도 바보거나 시계의 쓰임새를 모르나 봐"

아르키는 웃으며 토끼를 들어올려 쳐다보며 말했어요.

"토끼 너, 시각과 시간에 대해 모르는구나?"

공중에서 대롱거리며 토끼가 살짝 웃으며 말했어요.

"응, 몰라."

"그러니까 시계로 호두나 까먹겠지. 거북이 말이 사실이잖아."

매씨가 토끼를 받아 땅에 놓아주며 말했어요.

"토끼야, 우리랑 시간에 대해 공부할래?"

"싫어. 수학 공부는 싫어, 너무 재미없다고."

매씨가 토끼 앞에서 비보잉 동작을 보여줬어요.

"우와, 시계에 대해 알면 나도 그렇게 할 수 있는 거야?"

토끼가 매씨에게 물었어요.

매씨는 아르키에게 눈을 찡긋이며 대답했어요.

"물론이지."

"응응, 그럼 나 시계에 대해 배울래."

그러자 매씨가 붐치키 붐치키 하면서 랩을 시작했어요.

"시간의 흐름에서 어느 한 시점을 시각이라 해. 붐치키 붐치키."

토끼도 어느새 래퍼 흉내를 내며 매씨의 말을 따라했어요.

아르키도 옆에서 흥에 겨워 박수를 쳤어요.

"아침 9시에 밥을 먹었다면 9시는 시각이라고 해. 붐치키."

매씨가 머리를 땅에 대고 거꾸로 서서 다리 모양으로 9시의 모습을 나타냈어요.

"토끼야, 시간이란 어떤 시각에서 어떤 시각까지의 사이를 말해. 예를 들면 40분의 시간이 흘렀다면 다음과 같이 보여 줄 수 있어."

매씨는 머리로 빙글빙글 돌다가 멈춰 다리를 9시 40분 모양으로 만들었어요. 그러자 이 동작을 아르키가 토끼의 회중시계를 이용해 다시 설명해 줬어요.

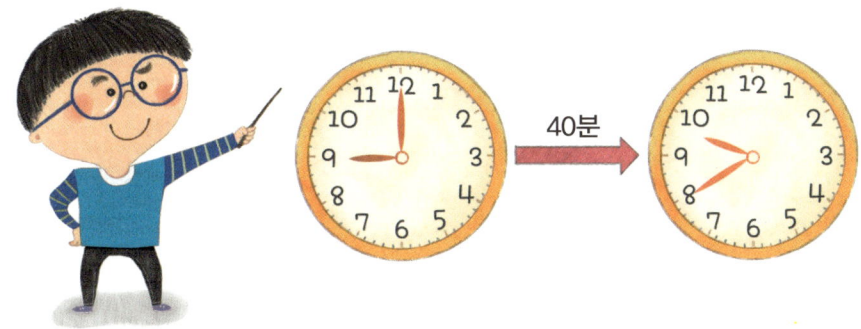

토끼는 시계 보는 법은 배우기 싫었지만, 매씨의 비보잉 동작은 무척 배우고 싶었어요. 그래서 매씨에게 부탁했죠.

"나에게도 비보잉을 가르쳐 줄 거지?"

"음, 그냥은 가르쳐 줄 수는 없어."

매씨의 대답에 토끼가 당근 하나를 쑥 내밀었어요.

"이거 너 줄게. 진짜 맛있어."

"아니, 개는 당근을 먹지 않아."

곤란해 하는 토끼를 보며 아르키와 매씨는 웃으며 말했어요.

"당근은 필요 없고, 네가 시계 보는 법을 다 익히면 비보잉을 가르쳐 줄게."

"정말? 나 당장 시계 보는 법을 배울래."

매씨가 토끼의 회중시계를 잠시 빌려서 뚜껑을 열었어요.

"토끼야. 너는 1초에 대해 알고 있니?"

"전에는 분명 알았는데, 걸리버가 사는 이곳에 오면서 까먹어 버렸어."

매씨는 잠시 토끼의 회중시계를 쳐다봤어요. 아르키도 조용히 매씨를 바라보고, 토끼도 조용히 매씨와 회중시계를 쳐다봤어요.

세 개의 시계 바늘 중 가장 가는 바늘이 12에서 딱 한 칸만 움직이는 순간, 매씨가 회중시계를 내밀며 말했어요.

"봐, 지금이야. 이게 바로 1초라는 거야. 초침이 작은 눈금 한 칸을 지나는 데 걸리는 시간을 우리는 1초라고 해."

'초침이 딱 한 칸 움직이면 1초.'

매씨와 친구들이 쳐다보는 동안에도 초침은 탁탁탁 한 칸씩 움직였어요.

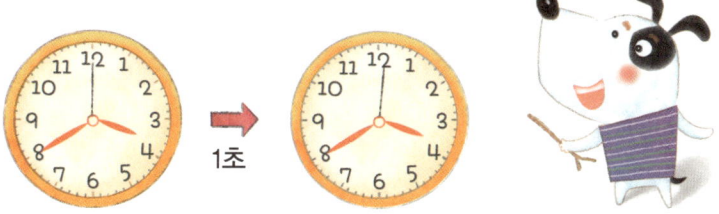

그때 토끼가 비보잉은 언제 가르쳐 주냐고 다그쳤어요.

그러자 매씨는 머리를 땅에 대고 헤드스핀을 한 바퀴 돌고 일어나서 랩을 했어요.

"헤이 예. 초침이 시계를 한 바퀴 도는 데 걸리는 시간은 60초. 헤이 예."

토끼는 비보잉에도 관심이 많지만, 매씨가 하는 랩에도 관심이 많았어요.

"초침이 시계를 한 바퀴 도는 데 걸리는 시간은 60초. 헤이 예."

그렇게 토끼는 60초에 대해 알게 됐어요.

매씨는 손으로 입술을 가리며 다시 랩을 했어요. 랩에 관심이 많은 토끼도 그 동작을 따라하며 랩을 했어요.

"붐치키, 붐치키. 1분은 60초. 60초는 1분"

이제는 매씨가 헤드 스핀 동작으로 시각을 표현하면 토끼가 맞추어 보기로 했어요.

매씨는 빙글빙글 돌다가 긴 다리는 7에 가고 짧게 접은 한쪽 다리는 시계의 3과 4 사이에 멈췄어요. 마지막 동작으로 한 손을 들

어 2를 가리켜 초를 나타냈어요.

하지만 아직 토끼에게 시계 읽기는 어려웠어요. 그래서 이번에는 아르키가 도와주기로 했죠.

"짧은 바늘이 숫자 3을 지나면 3시라고 먼저 읽고, 긴 바늘이 7에 있으면 35분이라고 해."

"왜 35분이라고 하는 거야?"

아르키가 다시 설명했어요.

"긴 바늘이 12에서 1까지 가는 시간을 분으로 5분이라고 하기로 했어."

"그렇게 약속을 한 거니?"

"맞아, 이제 기억이 돌아오고 있나 보구나. 그래. 그건 앨리스와 한 약속 같은 거야. 잘 맞혔어."

"그럼 12에서 7까지는 7칸이니까 7 곱하기 5 해서 35분이라는 거지?"

아르키와 매씨는 박수를 치며 토끼를 칭찬했어요. 토끼는 기분이 좋아 귀가 마치 시계 바늘처럼 이리저리 움직였어요.

"그리고 아까 내가 손으로 가리킨 건 초침으로, 숫자 2를 가리키면 10초라는 뜻이야."

"아하, 그럼 너의 헤드 스핀 동작은 3시 35분 10초인 거구나. 맞지?"

"잘 했어. 넌 정말 영리하구나. 그럼 이제 네가 시각을 나타내 봐."

토끼는 긴장하여 멈칫했어요.

"토끼야. 용기를 내. 넌 할 수 있어."

"그래, 한 번 해 볼게. 용기를 내야지 뭐든 배운다고 항상 할아버지가 말씀하셨지."

"내가 힌트를 주자면, 헤드 스핀은 다리 동작과 손동작을 잘 마무리해야 해."

매씨가 시각을 랩으로 말하자, 토끼가 일단 발로 리듬을 타기 시작했어요.

"요요, 11시 15분 40초! 헤이예!"

토끼가 머리를 땅에 대고 빙글빙글 돌다 동작을 멈췄어요. 토끼는 한쪽 다리를 접어 굵고 짧은 시침을 나타냈어요. 그 다리는 11과 12사이에서 멈췄죠. 그 다음 쭉 펴서 만든 긴 다리는 3에 가 있었어요.

"분침은 12시에서 1까지 오 분 단위로 늘어나니

까, 토끼의 긴 다리가 3에 있으면 3 곱하기 5는 15로 15분이 맞아. 우와, 토끼 잘하네."

매씨가 감탄했어요.

이제 초침은 어떨까요? 아르키가 알아봤어요.

"초침 역시 12에서 시작해서 한 칸에 5초씩 가면 돼. 그럼 8에 가서 멈추면 되지."

토끼의 흰 손가락이 8을 가리키고 있었어요. 정확히 11시 15분 40초가 맞았어요. 모두들 춤을 추며 기뻐했죠. 토끼는 시계 보는 법을 몸으로 서서히 깨우쳐 나갔어요.

"이제 시간의 덧셈과 뺄셈만 알면 되겠다."

아르키가 말했어요.

"시간의 덧셈과 뺄셈?"

토끼의 물음에 매씨가 대답했어요.

"시는 시끼리, 분은 분끼리, 초는 초끼리 계산하면 돼."

"분 단위끼리의 합이 60이거나 60보다 크면 60분을 1시간으로 받아올림을 하면 되지."

이번에는 아르키가 말했어요.

"그렇다면 초 단위끼리의 합에서도 60이거나 60보다 크면 60초를 1분으로 받아올림하는 거겠네?"

토끼의 물음에 아르키가 맞다고 대답했어요.

매씨가 토끼를 가리키며 말했어요.

"이 문제를 해결할 주인공은 토끼 바로 너야!"

"나?"

시간을 나타내는 옛말 1-짧은 시간

찰나는 순식간이나 별안간보다 더 짧은 시간이에요. 찰나는 고대 인도에서 쓰던 가장 작은 시간 단위를 나타내는 말이죠. 원래는 여자가 바느질할 때 바늘 한 땀을 뜨는 데 걸리는 시간을 가리키는 말이었어요.

가는 명주실 한 올을 양쪽에서 팽팽히 당긴 채 칼로 명주실을 끊으면, 명주실이 끊어지는 데 걸리는 시간이 64찰나예요. 찰나가 얼마나 짧은 순간의 비유인지 잘 알 수 있겠죠?

잠시 또한 그다지 오래지 않은 아주 짧은 시간을 가리키는 말이에요. 비슷한 뜻으로 쓰는 '잠깐'은 시간이나 순간처럼 잠간에서 나온 말인 듯해요. 즉시, 바로의 뜻도 있죠. 이와 비슷한 말로 삽시가 있어요. 삽은 가랑비 또는 이슬비를 말하고, 그냥 비 오는 소리를 본뜬 말이기도 해요. 빗방울이 하늘에서 땅으로 떨어지는 시간이 삽시고, 그 사이가 삽시간이랍니다.

토끼는 놀라서 말했어요. 토끼는 몹시 부담스러웠지만, 더 이상 시계를 못 보는 바보가 되고 싶지는 않았어요.

"그래, 난 할 수 있어. 이 문제를 해결하고, 꼭 이상한 나라로 돌아갈래. 아르키, 문제를 내 줘. 어렵게 내도 상관없어. 나는 더 이상 바보 토끼가 아냐."

아르키는 바닥에 시간에 관한 문제를 하나 썼어요.

2시간 25분 15초
+ 4시간 50분 25초

매씨는 이렇게 긴 문제를 토끼가 과연 잘 풀 수 있을까 걱정하며 꼬리를 말아 감췄어요.

토끼는 긴 앞니를 깨물며 문제에 다가섰어요.

"일단 초, 분, 시간 단위로 계산 할 거야."

2시간 25분 15초
+ 4시간 50분 25초
―――――――――――
6시간 75분 40초

토끼의 더하기가 끝났어요. 그러나 아직 완성된 것이 아니에요. 아르키와 매씨는 속으로 토끼를 응원했어요.

'토끼야, 마지막 힘을 내!'

토끼의 눈과 앞니가 햇빛에 반짝이며 다시 문제에 다가섰어요.

"75분은 60을 넘으니 받아올림을 해야 하지?"

$$
\begin{array}{r}
2\text{시간} \ \ 25\text{분} \ \ 15\text{초} \\
+ \ 4\text{시간} \ \ 50\text{분} \ \ 25\text{초} \\
\hline
6\text{시간} \ \ 75\text{분} \ \ 40\text{초} \\
+ \ 1\text{시간} - 60\text{분} \\
\hline
7\text{시간} \ \ 15\text{분} \ \ 40\text{초} \\
\end{array}
$$

야호, 토끼가 마무리 받아올림까지 잘 해냈어요.

"아직 다 끝난 게 아냐. 시간의 뺄셈이 남았어."

시간의 뺄셈이라는 말에 모두들 긴장했어요. 시간의 뺄셈은 시간의 덧셈보다 더 어렵거든요.

토끼가 시간의 뺄셈을 할 수 있도록 아르키가 랩으로 힌트를 줬어요.

"분, 분, 분 단위끼리 뺄 수 없을 때에는 1시간을 60분으로 받아, 받아내림을 해. 예!"

매씨가 아르키의 랩을 이어 받았어요.

시간을 나타내는 옛말들2-긴 시간

겁은 인간이 상상할 수 있는 가장 긴 시간의 단위를 말해요. 한 세계가 만들어져서 살아가다 파괴되어 무로 돌아가는 한 주기를 겁이라고 하죠. 다시 말해, 천지가 한 번 개벽한 뒤부터 다음 개벽할 때까지 걸리는 시간이에요.

겁에 대한 비유는 매우 많아요. 선녀가 사방 사십 리에 걸쳐 있는 돌산을 백 년에 한 번씩 내려와 비단 치마를 스쳐, 그 돌산이 다 닳아 없어질 때까지 걸리는 시간이 1겁이에요.

억겁은 그 겁이 다시 억 번이나 포개진 것이니, 도무지 말로는 설명할 수 없는 시간인 거죠. 갠지스 강의 모래알 수를 의미하는 항하사의 만 배에 해당하는 시간이에요.

영원은 글자 그대로 풀면 길고 아득히 먼 시간이에요. 억겁처럼 실감나는 비유는 아니지만, 따져 헤아리는 것이 무의미할 만큼 긴 시간을 가리킬 때 쓰지요.

"초, 초, 초 단위끼리 뺄 수 없을 때에도 요! 1분을 60초로 받아내려요!"

이 말들을 새겨들은 토끼의 두 눈이 비장하게 빨개졌어요.

아르키는 토끼가 풀 수 있기를 간절히 바라며 문제를 냈어요.

8시 25분 16초

− 5시 30분 23초
_____

매씨는 아르키가 낸 문제를 보고 깜짝 놀라 물었어요.

"아르키, 이 문제는 너무 어렵지 않을까?"

"그래, 받아내림을 두 번이나 해야 해서 사실 어렵긴 해. 하지만 토끼의 힘을 믿어 보자. 그래야 토끼도 이상한 나라로 돌아갈 수 있을 테니까."

토끼는 땅바닥에 열심히 계산을 했어요. 그러고는 긴장하며 자신의 풀이가 맞았는지 틀렸는지 확인까지 했지요.

```
            60
   7       24      60
   8 시   25 분   16 초
 − 5 시   30 분   23 초
 ─────────────────────
   2 시간  54 분   53 초
```

아르키가 먼저 토끼의 초 계산을 확인해 봤어요.

"16초에서 23초를 뺄 수 없으니 분에서 1분을 빌려와서 16초 위에 60초를 써 주는 것 좋아. 와, 멋진데. 60+16에서 23초를 빼니

53초. 정확히 맞혔네."

이번엔 매씨가 분 단위 계산을 확인했어요.

"25분에서 1분을 빌려줬으니 24분. 24분에서 30분을 뺄 수 없으니 앞의 시 단위에서 1시간을 빌려오면 60분이 돼. 그래서 60+24에서 30분을 빼니까. 54분. 토끼야, 정말 멋진 계산이야."

토끼가 밝은 얼굴로 이야기했어요.

"나머지는 내가 설명할게. 8시에서 1시간을 빌려주고 7시에서 5시를 빼면 2시간이 돼. 그래서 답은 2시간 54분 53초가 돼. 두 번의 받아내림이 힘들었지만 나는 이상한 나라로 돌아가고 싶었어."

모두들 토끼를 축하하며 기뻐하는 사이, 어디선가 이상한 나라로 가는 이층버스가 다가왔어요. 시간을 볼 수 있게 된 토끼는 이층버스를 타고 무사히 이상한 나라로 돌아갈 수 있었어요.

하지만 아르키와 매씨의 여행은 여기서 끝이 아니에요. 걸리버 여행기를 바로잡기 위해 매씨는 다음 장을 넘겼어요.

내용정리

시계 보는 법

시계의 짧은 바늘은 '시'를 나타낸다고 해서 '시침'이라고 하고, 긴 바늘은 '분'을 나타낸다고 해서 '분침'이라고 해요. 그리고 '초'를 나타내는 아주 가는 침을 '초침'이라고 하죠.

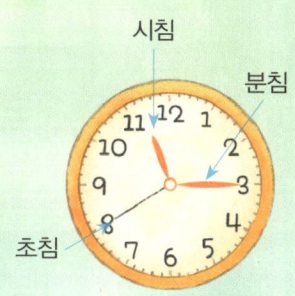

시간의 단위

분침이 시계를 한 바퀴 돌 때, 시침은 숫자 한 칸만큼 움직여요. 즉 1시간은 60분이에요. 마찬가지로 초침이 한 바퀴 도는 데 걸리는 시간은 60초예요. 이때 분침은 작은 눈금 한 칸만 움직여요. 즉 1분은 60초예요.

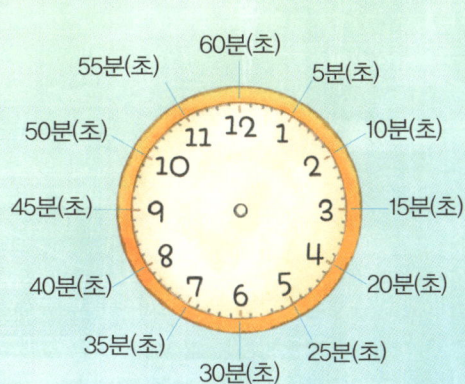

1시간 = 60분, 1분 = 60초이므로
1시간 = 60분 = (60×60)초 = 3600초

하루의 시간

하루는 24시간으로, 짧은 바늘이 두 바퀴를 돌면 하루예요.
밤 12시에서 낮 12시까지를 오전, 낮 12시부터 밤 12시까지를 오후라고 해요.

역사에서 수학 읽기

시계

이집트의 그노몬 © TaganrogCity.Com

시계의 역사는 문명이 발생했던 고대 이집트 시대부터 시작되었어요. 인류 최초의 시계는 해시계예요. 최초의 해시계는 그노몬이라는 이름으로 기원전 6세기에 이집트 아낙시만드로스가 발명했어요.

땅에 막대기를 꽂고 눈금을 새겨서 만들었죠. 그런데 이런 해시계는 해가 없는 밤이나 날씨가 흐릴 때에는 사용할 수가 없었어요. 그래서 나온 것이 물시계예요.

물시계는 좁은 구멍을 통해서 물이 일정한 속도로 떨어지게 한 다음 그릇에 고이는 물의 양으로 시간을 알아내는 시계예요.
모래시계 역시 물시계와 비슷한 방법으로 만들어졌어요.
아날로그시계는 시곗바늘로 시각을 나타내고 디지털시계는 바늘 대신 숫자로 시각을 나타내지요.

장영실이 만든 물시계

아날로그로 만들어진 벽시계나 손목시계의 내부를 보면 톱니바퀴가 맞물려 돌아가요. 처음에는 무거운 추를 이용하여 톱니바퀴를 돌렸지만, 태엽이 발명되면서 태엽을 감아 그 힘으로 시계를 움직였어요. 오늘날은 태엽 대신 건전지를 사용하죠. 한편 디지털시계는 숫자로 시간을 나타내니까 아날로그시계보다 시각을 알아보기가 더 쉬워요.

다음 장으로 넘어온 아르키와 매씨는 뭔가 이상한 곳이 없는지 두리번거렸어요.

"어, 저기 걸리버 아저씨가 있네."

"걸리버 아저씨가 있는 걸 보면 이번 장에는 아무 문제가 없나 보네."

"그런데 뭔가 이상한데?"

아르키와 매씨가 자세히 보니 그 사람은 걸리버 아저씨가 아니라 로빈슨 크루소 아저씨였어요.

매씨가 코를 킁킁 대며 다가가 로빈슨 아저씨에게 말했어요.

"아저씨는 왜 걸리버 여행기에 나오셨어요? 표류기에 계셔야 하는 거 아닌가요?"

"음, 나도 몰라. 나도 내가 왜 이 동화 속에서 표류하고 있는지 혼란스러워."

"아저씨 동화 속으로 돌아갈 수 없는 거예요?"

"내가 며칠을 표류했는지 알아야 하는데, 이상하게 달력을 읽을 수가 없어. 정말 이상해."

매씨가 로빈슨 아저씨의 냄새에 코를 막으며 말했어요,

"아르키. 우리가 로빈슨 아저씨에게 달력 읽는 법을 알려줘서 빨리 아저씨의 동화 세계로 돌려보내자. 냄새 나서 못 살겠어. 개는 코가 아주 예민하거든."

아르키와 매씨, 로빈슨 아저씨가 빙 둘러 앉아서 달력을 읽는 법에 대해 이야기했어요.

"아저씨. 일주일은 7일이에요."

"아, 그랬구나? 어쩐지 5일이라 생각했는데 계속 안 맞더라고."

매씨가 답답해하며 말했어요.

"아무리 표류를 오래해도 너무 심하네요. 일주일은 월, 화, 수, 목, 금, 토, 일 7일이라고요."

매씨가 화를 내자 로빈슨 아저씨가 말했어요.

"너무 화내지 마라. 너도 매일 바다만 바라보고 있으면 날짜가 어떻게 가는 지 모를 거야."

매씨도 로빈슨 아저씨의 이야기에 미안한 마음이 들어서 조용히 설명했어요.

"1년은 12달로 되어 있어요."

매씨는 다음과 같이 표를 정리해서 로빈슨 아저씨에게 보여줬어요.

31일인 달	30일인 달	28일 또는 29일인 달
1월, 3월, 5월, 7월, 8월, 10월, 12월	4월, 6월, 9월, 11월	2월

로빈슨 아저씨는 매씨가 보여준 표를 읽고 더 헷갈려 했어요.

"이 표를 다 기억하라니 쉬운 일은 아닌 것 같구나."

그러자 매씨가 로빈슨 아저씨에게 주먹을 내밀었어요. 갑자기 주먹을 내밀자 로빈슨 아저씨는 살짝 놀랐어요.

"헉, 매씨야. 아무리 내가 달력을 못 읽는다고 폭력을 쓰는 건 나

빠요."

매씨가 깔깔깔 웃으며 말했어요.

"아저씨, 그게 아니고요. 주먹을 이용하면 31일인 달과 30일인 달을 쉽게 구별할 수 있어요."

아르키가 덧붙여 설명했어요.

"아저씨, 주먹을 쥐었을 때 검지부터 시작해서 세어 보면, 튀어나온 부분은 31일로

끝나는 달이고 들어간 부분은 30일로 끝나는 달이에요. 하지만 2월은 28일이나 29일로 끝나죠."

로빈슨 아저씨도 자신의 주먹을 보며 차례대로 세어 봤어요.

"이거 신기하네."

아르키가 로빈슨 아저씨에게 물었어요.

"아저씨가 걸리버 여행기에 표류한 지는 몇 달 정도 됐나요?"

로빈슨 아저씨 머리를 갸웃거리며 말했어요.

"몇 달? 음, 달력이 없어서 잘 모르겠어."

아르키와 매씨는 서로 쳐다보다가 말했어요.

"자, 지금부터 아저씨에게 달력의 규칙에 대해 알려드릴게요."

아르키가 바닥에 8월 달력을 그렸어요.

"아저씨, 달력은 7일마다 같은 요일이 반복돼요. 보세요. 8월 1일이 월요일이지요. 그러면 7일 뒤인 8일은 월요일이 돼요. 그리고 15일, 22일, 29일 다 월요일이에요."

"와, 신기하네. 달력은 7일마다 규칙성을 가지는구나."

로빈슨 아저씨는 수요일을 손으로 짚으며 아래로 쭉 내렸어요.

"이렇게 다 같은 요일이라는 말이지."

옆에 있던 매씨가 아저씨에게 문제를 하나 냈어요.

"로빈슨 아저씨, 다음달 9월 1일은 무슨 요일일까요?"

"헉, 8월 달력만 보여 주고 그 다음 달을 물으면 내가 어떻게 알겠니?"

"아저씨, 제발 생각을 하세요. 수학의 힘은 생각이에요."

"아르키야, 나에게 벼룩같이 조그만 힌트라도 주면 안 되겠니?"

로빈슨 아저씨는 옷에서 벼룩을 하나 잡아 내밀며 말했어요.

"아저씨, 8월 31일은 수요일이에요. 9월 1일은 그 다음 날이고요."

힌트를 듣더니 로빈슨 아저씨가 씩 웃으며 답을 했어요.

"8월 31일이 수요일이니까 9월 1일은 목요일이다. 맞지? 그치?"

"네. 잘했어요."

달력은 왜 생겼을까?

달력을 만드는 가장 중요한 목적은 그것을 사용하는 사람들에게 정확한 시간과 날짜를 알려주는 거예요.

그런데 날짜를 정하는 방법은 크게 두 가지로 나누어 생각할 수 있어요. 하나는 그것을 사용하는 사람들의 편의에 따라 임의로 약속을 정해 사용하는 방법이에요. 예를 들어 당장 오늘을 2000년 1월 1일이라고 약속한 후, 모든 사람들이 그것을 받아들이고 생활한다면 아무런 문제가 되지 않아요. 심지어 일주일을 5일로 해도 되고, 일 년을 10달이나 20달로 정해도 상관없죠.

그러나 이런 방법은 계절의 변화 등 자연의 모습과 잘 들어맞지 않아 불편할 수밖에 없어요. 이 때문에 사람들은 오래전부터 자연의 시간에 맞추어 날짜를 정하는 방법을 찾아냈던 거예요.

매씨가 이번 문제는 아르키가 답을 다 가르쳐 준 거라며 다시 문제를 냈어요.

"아저씨, 그럼 9월 29일은 무슨 요일일까요?"

"매씨야, 그건 너무 어렵잖아!"

"무슨 소리예요? 빨리 달력을 배워서 아저씨 동화로 돌아가셔야죠!"

그랬어요. 로빈슨 크루소 아저씨는 걸리버 여행기보다는 조용한 아저씨의 무인도가 그리웠어요.

로빈슨 아저씨는 열심히 생각했어요.

'9월 1일이 목요일이었지. 그리고 일주일 단위로 요일이 반복된댔어. 그러면 더하기를 이용해 보자. 1+7+7+7+7=29일이니까 9월 29일은 목요일이겠구나.'

로빈슨 아저씨는 매씨를 똑바로 쳐다보며 답했어요.

"9월 29일은 목요일이야. 틀림없어. 더하기는 거짓말을 하지 않아!"

매씨는 로빈슨 아저씨의 계산법

에 깜짝 놀랐어요. 역시 무인도에서도 살아남은 똑똑한 아저씨였어요.

"맞아요, 이제 달력에 숨은 규칙만 잘 찾아보면 되겠어요. 만일 10월 31일이 금요일이면, 11월 15일은 무슨 요일일까요?"

"윽, 문제만 들어도 어렵구나. 하지만 이번에는 도움 없이 내가 풀어 볼게."

로빈슨 아저씨는 열심히 생각했어요.

			10월							11월			
일	월	화	수	목	금	토	일	월	화	수	목	금	토
			1	2	3	4							1
5	6	7	8	9	10	11	2	3	4	5	6	7	8
12	13	14	15	16	17	18	9	10	11	12	13	14	15
19	20	21	22	23	24	25	16	17	18	19	20	21	22
26	27	28	29	30	31		23	24	25	26	27	28	29
							30						

'10월 31일이 금요일이니까 다음날인 11월 1일은 토요일이지. 그러면 7일 단위로 요일이 반복되니까 1+7=8(일), 8+7=15(일) 두

번 반복되니까 11월 15일은 토요일이다.'

드디어 로빈슨 아저씨의 입이 열리며 답을 말했어요.

"정답은 토요일이다."

아르키와 매씨는 깜짝 놀랐어요. 정답이었거든요. 이제 몇 번만 더 연습하면 로빈슨 아저씨는 달력에 대해 완전히 알게 돼 자신의 무인도로 돌아갈 수 있을 거예요.

이때, 로빈슨 아저씨가 주머니에게 종이쪽지를 꺼냈어요.

"이게 내 주머니에 있던데, 혹시 이것도 달력이니?"

아르키와 매씨가 웃으며 말했어요.

"맞아요. 이 종이는 분명히 달력이 맞아요."

"그럼, 이걸로도 달력에 대해 공부할 수 있겠니?"

"물론이지요. 로빈슨 아저씨 맞춰 보세요. 이 달력은 어느 해 3월 달력의 일부분입니다. 같은 해 4월 10일은 무슨 요일일까요?"

로빈슨 아저씨는 한참 고민을 하다가 결국 도움을 요청했어요.

"이 문제는 너무 어렵구나. 나를 좀 도와다오."

아르키와 매씨, 로빈슨 아저씨는 조금 남은 달력을 들여다보며 문제 풀이에 도전했어요.

"수학은 기본이 중요해요. 달력에서 일주일은 7일이에요."

아르키의 말에 매씨가 주먹을 쑥 내밀며 덧붙였어요.

"3월은 불룩 솟아오는 큰 달이니까 3월 31일까지 있어요."

로빈슨 아저씨도 자신감을 가지고 말했어요.

"남은 부분을 자세히 보니 5일이 일요일이네. 거기에 7을 더해 나가면 5일-12일-19일-26일. 그럼 26일의 5일 후인 31일은 금요일이 되네."

"와우, 아저씨 멋지게 계산하셨어요. 그럼 4월 1일은 금요일 다음으로 토요일입니다."

로빈슨 아저씨는 마무리는 자신이 해야겠다고 생각했어요.

"4월 1일에 7을 더하면 4월 8일이 되고 4월 8일은 다시 토요일. 이틀 뒤는 4월 10일. 그래서 토요일 이틀 뒤는 일요일, 월요일로 4

양력과 음력

우리나라는 현재 일반적으로 양력을 쓰고 있지만, 설날이나 추석 등 특정일의 경우 음력을 기준으로 정해지는 날이 많아요. 그럼 양력과 음력은 무엇이 다를까요?

양력은 지구가 태양의 둘레를 한 바퀴 도는 데 걸리는 시간을 1년으로 정하고, 이를 12개의 달로 나눈 거예요.

음력은 달이 지구 둘레를 한 바퀴 도는 데 걸리는 시간을 한 달로 정해 만든 거예요. 그런데 달이 지구를 한 바퀴 도는 데 걸리는 시간은 평균 29.53일이에요. 그래서 한 달을 29일과 30일을 번갈아 사용하죠. 그런데 문제는 열두 달을 모두 더해도 365일보다 약 10일 정도가 모자라게 돼요. 그 때문에 3년에 한번 윤달이라는 것을 만들어 날짜를 바로 잡았지요.

이런 음력은 계절의 변화를 정확히 알 수 있다는 장점이 있어요. 그래서 명절은 음력으로 계산하는 거예요.

월 10일은 월요일이 된다. 얘들아, 내 계산이 어떠니?"

아르키와 매씨는 로빈슨 아저씨의 정확한 설명에 동시에 엄지를 치켜세우며 칭찬했어요.

이렇게 로빈슨 아저씨가 달력에 대하여 완벽하게 알게 되자. 저쪽 바닷가 해안에 수상오토바이가 나타났어요. 로빈슨 아저씨는 수상오토바이를 타고 자신의 무인도로 돌아갔어요.

이제 더 이상 걸리버 여행기 속에서 로빈슨 아저씨를 만날 일은 없겠죠?

아르키와 매씨는 무사히 걸리버 여행기의 3장을 바로 잡았어요. 과연 4장에서는 걸리버 아저씨를 만날 수 있을까요?

내용정리

달력 읽기

우리는 달력으로 날짜를 계산할 수 있어요.
달력은 1월에서 시작해 12월까지 12달로 이루어져 있어요.
1년은 12달이고, 2월을 제외한 모든 달은 31일이나 30일씩 있어요.

31일인 달	30일인 달	28일 또는 29일인 달
1월, 3월, 5월, 7월, 8월, 10월, 12월	4월, 6월, 9월, 11월	2월

각 달에는 보통 4개나 5개의 줄이 있고 거기에 숫자가 적혀 있어요.
달력의 숫자는 그 달의 날을 나타내요.
일주일은 월화수목금토일 7일로 이루어져 있고, 각 줄은 1주일을 나타내요.
모든 달은 대부분 4주로 이루어져 있어요.

			10월			
일	월	화	수	목	금	토
			1	2	3	4
5	6	7	8	9	10	11
12	13	14	15	16	17	18
19	20	21	22	23	24	25
26	27	28	29	30	31	

역사에서 수학 읽기

고대 달력 이야기

오늘날의 달력은 시저가 기원전 46년에 이집트에서 1년 365일을 가져와 그의 율리우스력에 포함시킨 거예요. 그 후 525년에 로마의 수도승 디오니시우스 엑시구스가 영향을 끼쳤어요.

그는 새해 첫날을 1월 1일에서 3월 25일로 바꾸었고(10세기 뒤에 교황 그레고리우스가 다시 원상복귀 시켰어요.), 아울러 기원전B.C.(Before CHRIST)과 기원후 A.D.(Anno Domini)의 연대 표시 방법을 보편화하였어요. 또한 크리스마스를 12월 25일로 확정시켰답니다. 그레고리우스력, 즉 그레고리력은 3323년마다 1일 정도의 오차밖에 나지 않는대요.

고대 이집트의 달력

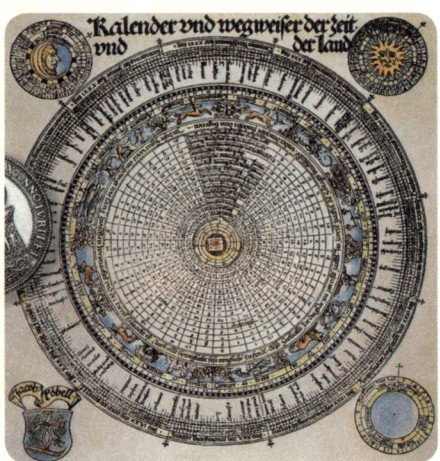
그레고리우스력

달력에서 쓰는 각 월의 이름은 어떻게 붙인 걸까요?

묵은해에 작별을 고하고 새해를 맞이하는 때인 1월(January)은 두 얼굴을 가진 로마의 신 야누스(Janus)에서 나왔어요. 야누스의 두 얼굴은 과거와 미래를 본다고 하죠.

2월(February)은 '깨끗함'을 뜻하는 라틴어(februm)에서 온 거예요. 요즘은 2월이지만, 고대 로마에서는 1년의 마지막 달인 12월을 뜻했어요. 고대 로마인들은 마지막 달에 정화 의식과 제사를 지냈는데, 죄를 회개하고 더러운 것을 깨끗이 한다는 의미가 있었어요. 따라서 12월을 '정화, 깨끗함'을 의미하는 단어 'februm'로 불렀지요.

3월(March)는 로마의 군신 마르Mar의 이름에서 유래했고, 4월(April)은 봄의 새싹을 가리켜 열려 있는(aperio) 달이라 해서 유래되었어요.

5월(May)는 헤르메스 어머니 마이아(Maia)에 어원을 두고 있으며, 6월(June)은 로마 최고의 신인 주피터의 아내 주노(Juno)의 이름을 따서 만들었어요.

7월(July)은 달력을 뜯어고친 줄리어스 시저(Julius)를 기념하여 만들었어요. 8월(August)은 아우구스투스라는 호칭을 가진 옥타비아누스 황제에서 유래되었죠.

9월(September)은 라틴어로 7을 뜻하는 'seplem'에서 유래되었으며, '일곱 번째 달'이라는 뜻이에요. 고대 로마 달력은 10개의 달밖에 없었기 때문에 march가 첫 번째 달, september는 '일곱 번째 달'이었거든요. 그러다 율리우스에 의해 january(1월)가 첫 달로 오면서 두 달씩 밀려나 september는 9월이 되었어요.

10월(October)은 '여덟 번째의 달'이라는 뜻으로 숫자 8을 의미하는 라틴어 'octo'에서 유래했어요. 고대 로마 달력에서 여덟 번째 달을 나타냈는데, september와 같은 이유로 두 달 밀려나 10월이 되었답니다.

11월(November)도 '아홉 번째의 달'이라는 뜻으로, 숫자 9을 의미하는 라틴어 'novem'에서 유래했어요. 역시 원래 고대 로마 달력에서는 아홉 번째 달이었는데, september, october와 같이 두 달 밀려나면서 11월이 되었지요.

12월(December)도 '열 번째의 달'이라는 뜻으로, 숫자 10을 의미하는 라틴어 'decem'에서 유래했어요. 'december'는 본래 열 번째 달을 가리키는 말이었는데, 역시 율리우스에 의해 두 달 밀려 12월이 되었어요.

이야기 넷

걸리버 아저씨가 무게로 적의 배를 물리쳤어

📖 들이와 무게

매씨가 걸리버 여행기 4장을 넘기자, 아르키가 먼저 아저씨를 발견했어요.

"걸리버 아저씨다."

매씨가 걸리버 아저씨를 쳐다보며 말했어요.

"어, 로빈슨 크루소 아저씨 아냐? 비슷한 냄새가 나는걸."

아르키가 다시 자세히 보니 분명히 걸리버 아저씨가 맞았어요. 그런데 로빈슨 아저씨처럼 얼굴이 많이 야위어 있었어요.

"걸리버 아저씨, 얼굴이 왜 그렇게 야위었나요?"

"그게 말이야, 문제를 풀 수가 없어서 아무것도 먹질 못했어."

"무슨 문제인데요?"

걸리버 아저씨는 모양과 크기가 다른 주전자와 물병을 들고서 어느 곳의 우유가 더 많은지 알지 못해서 여태 우유를 못 마시고 있다고 했어요.

매씨가 웃으며 말했어요.

"아하, 주전자와 물병의 들이 비교군요."

"들이? 들이가 무슨 말이지?"

매씨가 미소 지으며 대답했어요.

"들이란 통이나 그릇 안에 넣을 수 있는 양을 말해요."

"그래, 네 말대로 어느 쪽 들이가 더 많은지 알지 못해서 지금 아무것도 못 마시고 있단다."

매씨가 걸리버 아저씨에게 주전자와 물병에 우유를 가득 담아 오라고 했어요. 그러면 어느 쪽이 더 많은지 확실히 비교해 주겠다고 장담했어요.

걸리버 아저씨는 주전자와 물병에 우유를 가득 담아서 바로 나타났어요.

매씨가 통을 하나 들더니, 우선 그 통에 주전자의 우유를 부었어

요. 우유가 차는 높이 만큼 표시를 하고 우유를 다시 주전자에 따랐어요. 그 다음 물병의 우유를 같은 통에 또 부었어요. 이번에도 높이를 표시하고 물병에 따랐어요.

이렇게 하자 어느 쪽의 우유가 더 많은지 알 수 있었어요.

걸리버 아저씨가 고개를 끄덕이며 말했어요.

"아, 이런 방법이 있었다니! 주전자의 우유 높이가 물병의 우유 높이보다 더 높은 것 보니 주전자에 든 우유의 양이 더 많구나."

아르키가 말했어요.

"걸리버 아저씨, 우리랑 들이에 대해 알아봐요. 이런 것을 모르니 아저씨 동화 속에서 계속 이상한 사건이 생기는 거예요."

"그래, 요즘 이상한 사건들이 계속 생겼단다."

아르키가 땅바닥에 나서 다음과 같이 글을 썼어요.

1L 1mL

"걸리버 아저씨, 들이의 단위에는 1리터와 1밀리리터가 있어요. 1리터는 1L라고 쓰고, 1밀리리터는 1mL라고 써요."

"그런데 둘 사이에는 어떤 관계가 있는 거니?"

"1리터는 1000밀리리터와 같아요."

매씨가 옆에서 살짝 거들었어요.

"1밀리리터가 천 개 모여야 1리터가 된다는 뜻이에요."

아르키가 다시 말했어요.

"밀리리터와 리터는 아주 친해서 잘 어울려 다녀요. 1리터보다 500밀리리터가 더 많은 들이를 1L 500mL라 쓰고 1리터 500밀리리터라고 읽어요. 사이가 참 좋지요? 또 1리터 500밀리리터는 1500밀리리터라고 나타낼 수도 있어요."

매씨가 덧붙였어요.

"이들이 그렇게 친한 이유가 1리터가 1000밀리리터이기 때문이지요."

"그렇다면 그들은 결코 싸우지 않겠구나."

아르키가 손사래를 치며 말합니다.

"에이, 아무리 친해도 항상 좋을 수만은 없어요."

아르키는 걸리버 아저씨에게 들이의 합과 차에서 밀리리터와 리터가 아웅다웅하는 모습을 보여주기로 했어요.

"들이의 합과 차에서 반드시 지켜야 할 약속이 있어요."

"약속? 그게 뭐니?"

"밀리리터는 밀리리터끼리, 리터는 리터끼리 계산해야 한다는 약속이에요."

"만약 그 약속을 지키지 않으면?"

"들이의 합과 차에 대한 관계가 무너지게 돼죠."

걸리버 아저씨는 밀리리터는 밀리리터끼리, 리터는 리터끼리 계산해야 한다는 약속을 마음속으로 새겼어요.

아르키가 걸리버 아저씨가 만들고 있는 배를 쳐다보며 물었어요.

"저 배에 무슨 색깔을 칠하실 거예요?"

"응, 저 배에는 초록색을 칠하고 싶어."

그런데 아르키가 주변을 아무리 둘러봐도 초록색 페인트는 없고 파란색 페인트와 노란색 페인트뿐이었어요.

"걸리버 아저씨, 초록색 페인트는 없잖아요."

"응, 그건 파란색과 노란색을 섞으면 초록색이 생긴단다."

"아하, 그렇군요. 그런데 저 배를 다 칠하려면 페인트가 전부 몇 리터나 필요한가요?"

걸리버 아저씨는 배의 도면을 쳐다보며 대답했어요.

"4리터 100밀리리터가 필요해. 그런데 여기에 파란색 페인트는 2리터 400밀리리터가 있고 노란색 페인트는 1리터 700밀리리터가 있어. 그런데 이 둘을 섞으면 4리터 100밀리리터가 될까?"

"그게 바로 아저씨가 해야 할 일이에요. 힌트를 하나 드릴게요. 1리터=1000밀리리터라는 사실을 명심해서 받아올림을 하세요."

걸리버 아저씨는 페인트를 섞기 시작했어요. 그리고 붓에 페인트를 묻혀 배 옆에서 다음과 같이 썼어요.

$$\begin{array}{r} 2L\ 400\,mL \\ +\ 1L\ 700\,mL \\ \hline 3L\ 1100\,mL \end{array}$$

그러고는 다시 붓을 들어서 1100mL에서 천의 자리를 쓱 지우더니 L자리에 1을 올려줬어요.

$$4L\ 100\,mL$$

걸리버 아저씨가 웃으며 말했어요.

"모두들 놀랬니? 나도 안다고. 밀리리터 단위끼리의 합이 1000이거나 1000보다 크면 1리터로 받아올림을 한다는 걸……. 아까 힌트를 들었잖아."

걸리버 아저씨의 계산 과정을 지켜보느라 너무 긴장한 아르키와 매씨는 2리터 400밀리리터의 물을 1리터 700밀리리터나 마셔 버렸어요.

"걸리버 아저씨, 이 물통에 남은 물의 양이 얼마일까요?"

"왜 너희가 마신 물의 양을 내가 계산해야 하는 거지?"

매씨가 걸리버 아저씨에게 말했어요.

"걸리버 아저씨, 이 문제 역시 들이의 차에 대한 문제라고요. 아저씨는 들이의 합과 차에 대해 확실히 알아야 걸리버 여행기 속의 문제를 해결할 수 있잖아요."

"아, 그렇구나. 그럼 그렇게 말해줘야지. 알았어. 이번 문제도 내가 풀어볼게."

'이 문제는 물을 마셨으니까 물이 줄어드는 빼기 문제구나.'

$$\begin{array}{r} 2L\ 400\ mL \\ -\ 1L\ 700\ mL \\ \hline \end{array}$$

걸리버 아저씨는 고민을 했어요.

'이거 문제가 생기네. 400밀리리터에서 700밀리리터를 뺄 수 없잖아.'

걸리버 아저씨는 눈을 감고 차분히 생각했어요.

'리터와 밀리리터는 친하다고 했지. 그럼 리터의 도움을 좀 받으면 되겠구나.'

이제 걸리버 아저씨는 생각이 모두 정리되었어요. 걸리버 아저씨는 다시 붓을 쥐었어요

"밀리리터 단위끼리 뺄 수 없으면 1리터를 1000밀리리터로 받아내림 할 거야."

걸리버 아저씨가 계산을 마치고 말했어요.

"아르키와 매씨야. 너희가 마시고 남긴 물의 양은 700밀리리터란다."

"걸리버 아저씨 훌륭해요!"

걸리버 아저씨도 매우 기뻐했어요. 그러나 그 기쁨도 잠시, 걸리버 아저씨가 한숨을 푹푹 쉬었어요.

아르키가 걸리버 아저씨에게 물었어요.

"아저씨, 무슨 고민이라도 있으세요?"

걸리버 아저씨가 아르키에게 망원경을 주며 바다를 한 번 보라고 했어요.

아르키가 망원경으로 바다를 쳐다보니 군함들이 보였어요.

"아하, 적들의 군함을 튼튼한 밧줄로 묶어서 끌어오시게요?"

"그렇지, 그런데 문제가 생겼어. 배들의 무게를 알지 못하니 못 끌어오겠어."

매씨가 깜짝 놀라며 물었어요.

"예? 무게의 개념도 모른다고요?"

"동화 나라 수학이 엉망이 되면서 나도 수학을 전혀 모르게 됐단다."

아르키가 매씨에게 말했어요.

"일단 적군이 쳐들어오기 전에 걸리버 아저씨에게 무게에 대해 알려주자."

걸리버 아저씨는 망원경으로 바다를 다시 보며 말했어요.

"오, 벌써 저렇게 가까이 다가오다니, 시간이 별로 없구나."

아르키는 걸리버 아저씨에게 침착하라며 이야기를 시작했어요.

"무게는 들이와 비슷한 점이 많아서 금방 알 수 있을 거예요. 무게의 단위에는 1킬로그램과 1그램이 있어요. 1킬로그램은 1kg, 1그램은 1g이라고 써요."

아르키는 모래사장에 1킬로그램과 1그램을 쓰며 말했어요.

1kg 1g

"킬로그램과 그램의 관계는 리터(L)와 비슷해요. 1L가 1000mL인 것처럼 1kg은 1000g이에요."

"음, 사람들이 1000을 좋아하는구나. 둘 다 1000이라서 외우기는 편하네."

이번에는 아르키가 모래사장에 식을 하나 쓰며 말했어요.

"그럼 바로 무게의 덧셈을 해볼까요?"

$$1kg\ 400g = 1kg + 400g = 1000g + 400g = 1400g$$

그때, 매씨가 망원경으로 바다를 보며 다급하게 말했어요.

"걸리버 아저씨, 적군의 배가 거의 다 왔어요."

걸리버 아저씨는 급하게 바다로 뛰어들어서 적군의 배를 잡으러 갔어요.

아르키는 걱정스러운 표정으로 바다를 바라봤어요.

"걸리버 아저씨가 무게 단위의 기초만 배우고 무게의 합과 차를 잘 해 낼 수 있을까?"

"어쩔 수 없잖아. 적군의 배가 다가오는데 믿을 수밖에."

바다로 들어간 걸리버 아저씨는 적군의 배들을 둘러봤어요. 배 옆에는 각각 배의 무게가 적혀 있었어요.

6kg 100g, 6010g, 6kg 110g, 6100g, 6kg 10g, 6110g

배 옆에 적혀 있는 무게의 표시를 한참 보더니 걸리버 아저씨가 뭔가를 눈치 챘어요.

"아하, 끼리끼리 같은 것을 묶으면 되겠군. 수학 나라에서 그걸 원한다면 그렇게 해주지!"

걸리버 아저씨는 배의 무게가 같은 것끼리 연결하여 배를 끌어당겼어요.

"우와, 걸리버 아저씨가 6kg 100g=6100g, 6kg 110g= 6110g, 6kg 10g=6010g과 같다는 것을 바로 알아냈어."

걸리버 아저씨는 6척의 배를 둘씩 묶어 꼼짝 못하게 만들었어요.

걸리버 아저씨는 자신감을 얻었어요. 이번에는 서로 다른 두 배를 묶어 무게의 합과 같은 배와 묶으려고 했어요.

"옳지, 저 5kg 200g인 배와 요쪽의 3kg 700g인 배를 더하여 같은 무게의 배에 묶어 버리자."

걸리버 아저씨는 세로 셈을 이용해 두 배의 무게 합을 구했어요.

$$\begin{array}{r} 5\text{kg}\ \ 200\text{g} \\ +\ 3\text{kg}\ \ 700\text{g} \\ \hline 8\text{kg}\ \ 900\text{g} \end{array}$$

"음, 8킬로그램 900그램이구나. 어디 보자. 8kg 900g짜리 배가 어디 있나? 오, 마침 저기 있네."

걸리버 아저씨는 이번에는 배 세 척을 동시에 쇠사슬로 묶어 버렸어요.

그때였어요. 갑자기 큰 배 하나가 암초에 부딪혔어요. 아무리 적군이라지만 사람들이 다쳐서는 안 돼요. 걸리버 아저씨는 그쪽으로 다가갔어요.

그 배의 무게는 6kg 500g이었어요. 배 안의 사람들의 총 무게는 1kg 400g이었죠. 배에서 사람들을 무사히 대피시키려면 어떻게 해야 할까요?

아르키가 얼른 소리쳤어요.

"걸리버 아저씨, 그 배에서 사람들을 옮기고 남은 무게와 같은 배를 찾아보세요. 그래야 사람들을 옮겨 실을 수 있어요."

"그래, 무슨 말인지 알겠어. 전체 무게에서 사람들의 무게를 빼서 그 배의 무게와 같은 배에 사람들을 옮기라는 말이지?"

"네. 그게 바로 무게의 차를 이용하는 방법이에요."

걸리버 아저씨는 이번에도 세로 셈을 했어요.

$$\begin{array}{r} 6\text{kg}\ \ 500\text{g} \\ -\ 1\text{kg}\ \ 400\text{g} \\ \hline 5\text{kg}\ \ 100\text{g} \end{array}$$

"알았어, 5kg 100g인 배를 찾아 사람들을 옮겨야겠어. 옳지. 저기 5100g인 배가 보이는구나."

그렇게 걸리버 아저씨는 난파되는 배에서 사람들을

모두 구했어요. 그리고 적군의 배들을 모두 사로잡아 더 이상 전쟁을 일으키지 않겠다는 다짐을 받고 돌려보내 줬어요.

걸리버 여행기가 제자리를 잡은 거예요. 임무를 마친 아르키와 매씨는 배를 한 척 얻어 타고 집으로 돌아가기로 했어요.

날씨도 좋고, 임무도 무사히 마친 아르키는 기분이 좋아 노래를 불렀어요. 매씨도 배 위에 벌렁 드러누워 선탠을 즐겼죠. 그렇게 그들은 무사히 집으로 돌아가고 있는 중이었습니다. 그런데 조금 전까지만 해도 햇볕이 쨍쨍하던 날씨가 갑자기 먹구름이 끼더니 파도도 점점 높아졌어요. 태풍이 몰려오나 봐요.

"매씨, 배를 꽉 잡아. 배가 뒤집힐 것 같아."

"으아아아아악!"

내용정리

1L(일 리터)
1L는 한 모서리의 길이가 10cm인 정육면체의 부피와 같은 들이를 말해요.

1mL(일 밀리리터)
1L의 $\frac{1}{1000}$로 1mL는 한 모서리의 길이가 1cm인 정육면체의 부피인 $1cm^3$와 같은 들이를 말해요.

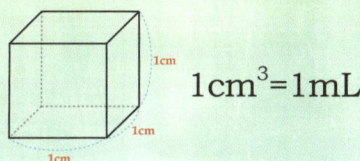

1kL(일 킬로리터)
1L의 1,000배로 1kL는 한 모서리의 길이가 100cm인 정육면체의 부피와 같은 들이를 말해요.

들이 단위 사이의 관계   1kL=1,000L=1,000,000mL

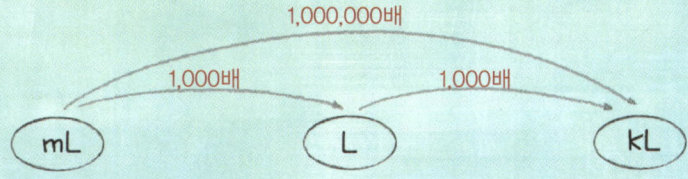

무게 단위 사이의 관계   1t=1,000kg=1,000,000g

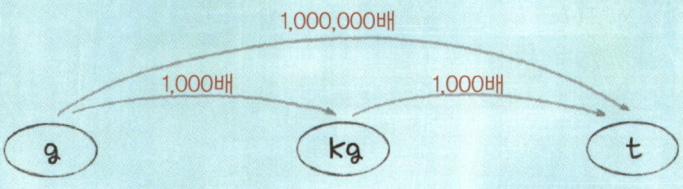

역사에서 수학 읽기

옛날의 들이 알아보기

들이란 통이나 그릇의 안에 넣을 수 있는 물건의 부피의 최댓값을 말하는 것으로, 주로 액체의 양을 재는 단위로 사용돼요.

과거 우리나라에서는 곡식 등의 가루나 술 같은 액체의 부피를 잴 때 홉, 되, 말, 섬 등의 들이 단위를 사용했어요.

홉은 성인이 두 손을 모아서 오므린 다음 그 속에 들어갈 수 있는 양을 가리키는 것으로 약 180mL에 해당해요. 되는 한 홉의 10배인 약 1.8L에 해당해요. 말은 한 되의 10배인 약 18L예요. 그리고 섬은 한 말의 10배로, 약 180L에 해당하지요. 되는 부피를 재는 도구를 부르는 말이기도 해요. 되는 가로 세로 높이의 크기가 148.485㎜×148.485㎜×81.818㎜인 사각형 틀이에요.

되

홉(약 180mL) ⇨ 되(약 1.8L) ⇨ 말(약 18L) ⇨ 섬(약 180L)
　　　　　　 10배　　　　　　 10배　　　　 10배

옛날의 무게 알아보기

무게란 지구가 물체를 끌어당기는 힘을 말해요. 그래서 무게는 지구의 서로 다른 장소에서 다르게 나타날 수 있어요.

과거 우리나라에서는 돈, 냥, 근, 관 등의 무게 단위를 상황에 따라 다르게 하여 사용했어요. 돈이나 냥은 금, 은, 한약재의 무게 단위를 나타내는 것으로 한 돈은 약 4g, 한 냥은 약 40g이에요.

근은 육류의 무게 단위를 나타낼 때와 채소의 무게를 나타낼 때 기준이 달라져요. 고기는 약 600g, 과일이나 채소의 무게를 나타낼 때는 약 400g이 한 근이에요. 관은 동전 1천닢을 꿴 한 꾸러미를 기준으로 정한 무게 단위로 근의 10배인 약 4kg이에요.

돈(약 4g) ⇨ 냥(약 40g) ⇨ 근(약 400g, 약 600g) ⇨ 관(약 4kg)
　　　　10배　　　　　10배　　　　　　　　　10배

이야기
다섯

마법 물약을 만드는 어림나라 마법사

📖 어림하기

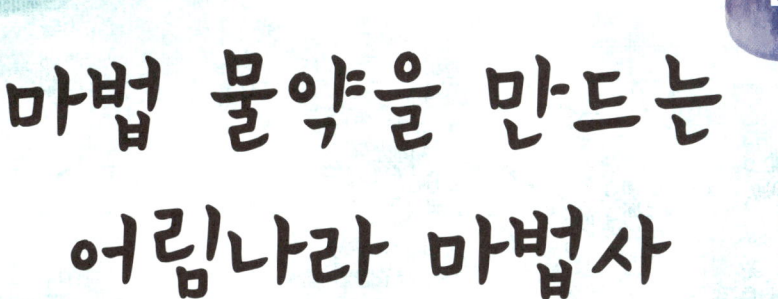

아르키와 매씨가 탄 배가 풍랑에 난파를 당했어요.

매씨가 먼저 정신을 차렸어요.

"으으, 여기가 어디야. 아르키 일어나 봐. 헉, 이게 뭐야!"

매씨의 눈에 아르키가 아니라 매씨 자신의 얼굴이 보였어요. 이게 무슨 일이냐고요? 그러니까 아르키의 얼굴과 매씨의 얼굴이 서로 바뀌었어요. 개 몸에 아르키의 얼굴이 있고, 사람 몸에 개인 매씨의 얼굴이 있었어요.

"애들아, 무슨 일이니?"

어디서 왔는지 피카소 아저씨가 나타났어요.

아르키가 피카소 아저씨에게 물었어요.

"여기는 어디예요?"

"여기는 마법의 나라 어림나라지."

"마법이요? 게다가 어림이라고요?"

매씨가 끼어들며 말했어요.

피카소 아저씨는 그제야 아르키와 매씨를 살펴보고는 사람과 개가 섞인 모습에 놀랐어요.

"이런, 완벽하지는 않겠지만 내가 너희를 좀 도와주고 싶구나."

"어떻게요?"

아르키와 매씨가 동시에 물었어요.
"내가 바로 세계적인 화가 피카소란다. 너희 얼굴을 바꿔 그려주마."
피카소 아저씨가 아르키와 매씨의 얼굴을 흰 색으로 모두 지우고

그 위에 그림을 그리기 시작했어요. 역시 세계적인 화가라서 얼핏 보면 얼굴이 제대로 돌아온 것처럼 보였어요. 하지만 직접 만져 보면 아르키의 얼굴은 여전히 개처럼 주둥이가 튀어나와 있었어요. 매씨의 얼굴 역시 사람 얼굴의 형태를 가지고 있었죠.

"멀리서 보거나 사진을 찍으면 얼굴이 제대로 돌아온 것 같겠지만, 단지 보이기만 그럴 뿐 입체감은 그대로잖아!"

매씨가 흥분해서 말했어요.

"음, 나는 화가라서 이게 내가 할 수 있는 한계인 것 같구나."

피카소 아저씨의 말에 아르키가 낙담해서 말했어요.

"그럼, 우리는 이제 어떻게 하나요?"

곰곰이 생각하던 피카소 아저씨가 말했어요.

"아, 맞다. 마법사 할머니라면 해결해 줄 거야."

"네? 마법사 할머니가 누구예요?"

"응, 어림나라의 마법사 할머니가 만든 물약이라면 너희의 얼굴을 완벽하게 바꿔 줄 거야."

"정말요? 마법사 할머니는 어디를 가면 만날 수 있나요?"

"저기 보이는 기차를 타고 반올림역에서 내려 찾아가면 된단다."

"아저씨, 저희와 함께 마법사 할머니에게 가줄 수 있나요?"

"그래, 나도 지금 한가하니 따라가 줄게."

그렇게 해서 아르키와 매씨, 피카소 아저씨는 작은 기차에 올라탔어요. 그런데 기차에 오르자 삐 하고 경고음이 울렸어요.

세 명은 기차에서 내려 주위를 살펴봤어요. 기차에는 다음과 같은 경고문이 붙어 있었어요.

매씨가 경고문을 읽고 말했어요.

"우리 중에 이 조건에 맞지 않는 사람이 있나 보네. 나는 4살이라 조건이 맞는데."

아르키도 말했어요.

"나도 10살이라 괜찮은데……."

이번에는 피카소 아저씨가 자신의 나이를 계산해 봤어요.

"나도 괜찮은데, 난 딱 35살이거든."

그 말에 매씨가 말했어요.

"에이, 아저씨는 안돼요. 35살 미만은 35살을 포함하지 않아요. 초과와 미만은 그 기준을 포함하지 않고. 이상과 이하만 그 기준을 포함하거든요."

그러자 피카소 아저씨가 미안한 표정을 지었어요.

"그렇구나, 내가 원인이었어. 미안하지만 나는 마법사 할머니를 만나러 갈 수 없겠구나. 너희끼리 가서 마법사 할머니를 만나 원래 모습을 찾도록 하렴. 잘 다녀오너라."

아르키와 매씨는 기차에 올라타며 피카소 아저씨에게 인사를 했어요.

"아저씨 고마웠어요. 안녕히 계세요."

기차는 칙칙폭폭 출발했어요.

피카소 아저씨가 손을 흔드는 모습이 점점 멀어졌어요. 아르키와 매씨가 바깥 경치를 구경하고 있을 동안, 기차는 서서히 오르막길을 향했어요.

이 조그만 기차의 기관사는 생쥐였어요.

"안녕하세요. 이 열차의 기관사인 고양이라는 이름의 생쥐 기관사입니다."

안내 방송을 듣고 매씨가 웃으며 말했어요.

"킥킥, 기관사 생쥐 이름이 고양이래."

"응, 생쥐 이름이 고양이라니 정말 웃기네."

고양이 생쥐 기관사의 안내 방송이 계속됐어요.

"이번에 도착할 역은 올림역입니다. 이 역은 언덕 위에 있으므로, 승객 여러분의 도움 없이는 이 역에 도착할 수 없습니다. 이 열차는 지금 시속 2175m로 달리고 있습니다. 올림하여 백의 자리까지의 속력을 맞추어 주세요. 그래야만 이 언덕을 통과할 수 있습니다."

아르키가 말했어요.

"아, 올림에 대한 문제구나."

"올림이라면 구하려는 자리의 아래 수를 올려서 나타내는 것을 말하잖아."

매씨가 말했어요.

아르키가 나서며 말했어요.

"이 문제는 나에게 맡겨. 올림하여 백의 자리까지 나타내려면 우선 십의 자리에서 올림을 하여야 해. 십의 자리의 수가 뭐든 간에 0만 아니면 무조건 백의 자리 수 하나가 올라가. 그러니까 2175는

2200으로 나타내면 돼. 나타내려는 자리의 아래 수는 모두 0이 돼지."

그러자 안내 방송이 나왔어요.

"탑승객 중 한 분이 문제를 잘 풀어서 열차는 쑥쑥 올라갑니다."

매씨가 웃으며 말했어요.

"여기는 우리 둘뿐인데, 꼭 탑승객이 많은 것처럼 이야기 하네. 하하."

이때 고양이라는 생쥐 기관장이 다급한 목소리로 방송했어요.

"승객 여러분, 대단해 죄송합니다. 방금 올림 산의 기상 악화로

열차의 속력을 높이지 않으면 올림 역으로 갈 수 없습니다."

아르키가 창밖을 보니 눈이 내리고 있었어요. 매씨가 불평을 했어요.

"우리에게 어쩌라고. 이 고양이 생쥐 기관사야."

"승객 여러분, 다시 문제가 나갈 테니 문제를 풀어 주세요."

"정말 웃기는 열차잖아. 그래, 이번 문제는 내가 맞추어 주지."

안내 방송이 들려왔어요.

"이 열차의 속력은 이제 막 2200이 되었습니다. 그런데 이 열차의 속력이 3000이 되어야 언덕 정상까지 올라갈 수 있습니다. 어떠한 올림을 하면 될까요?"

매씨는 자신 있게 대답했어요.

"올림은 0만 아니라면 어떤 수라도 다 올린다. 그래서 이 문제는

백의 자리에서 올림을 하면 2200은 3000이 되지. 백의 자리에서 올림을 하면 나머지 백, 십, 일의 자리는 모두 0이 돼."

칙칙폭폭, 매씨의 정답에 열차는 힘을 받아서 무사히 언덕 꼭대기의 올림역에 도착했어요. 올림역을 지나 이제 열차는 내리막길에 접어들었어요.

다시 안내 방송이 나왔어요.

"다음에 도착할 역은 버림역입니다. 지금 열차의 속도는 다시

부등호 기호 >,<의 유래

'~보다 크다, ~보다 작다'를 나타내는 부등호 기호 '>, <'는 영국의 수학자 해리엇이 처음으로 사용했어요. 그로부터 100년 후 프랑스의 과학자 부게르는 '~보다 크거나 같다, ~보다 작거나 같다'를 나타내는 부등호 기호 '≤, ≥'를 만들었죠. 이 기호가 정착되기 전에도 §, ff, Ⅰ 등의 기호가 사용되었지만 크기의 방향을 정확히 나타내지 못하였기 때문에 혼란스럽고 불편했어요.

'>, <' 기호는 초과와 미만을 나타내는 기호이고 '≤, ≥' 기호는 이상과 이하를 나타내는 수학 기호랍니다.

2175입니다. 버림역에 무사히 정차하려면 열차 속력을 2100으로 떨어뜨려야 합니다."

매씨는 안내 방송을 듣고 말했어요.

"버림이란 구하려는 자리의 아래 수를 버려서 나타내는 방법을 말하지. 하지만 우리는 버림역에 내릴 필요 없으니 열차의 속력이 2100이 되든 말든 상관없어."

그때였어요.

"안 돼! 난 버림역에 내려야 해."

누군가의 고함 소리에 아르키와 매씨는 주변을 둘러봤어요. 그러나 주위에는 아무도 없었어요.

"어서 2175를 버림하여 속력을 2100으로 떨어뜨려줘."

아르키와 매씨는 소리가 난 방향인 발아래를 유심히 쳐다봤어요.

지렁이 한 마리가 꿈틀대며 소리를 질렀어요.

"난 버림역에서 내려야 해. 내 새끼들이 버림역에서 날 기다린다고. 만약 내가 역을 지나쳐 버리면 내 새끼들을 버리게 돼. 제발 나를 도와줘."

아르키가 지렁이 아줌마의 안타까운 이야기를 듣고 생각에 잠겼어요.

"그래, 십의 자리에서 버림을 하면 2100으로 나타낼 수 있어."

십의 자리수가 아무리 7이라고 해도 버림을 하면 그 아래 수들은 0으로 변해요.

끼이익, 속력을 2100으로 줄이자 열차는 굉음을 내며 버림역에 섰어요.

무사히 지렁이 아줌마가 버림역에서 내리자 새끼 지렁이들이 달려왔어요. 아르키는 지렁이 가족이 만날 수 있게 되어 기뻤어요.

다시 열차가 출발했어요. 열차가 한참을 달려가자 안내 방송이 나왔어요.

"이번에 정차할 역은 반올림역, 반올림역입니다. 내리실 분은 빠진 물건이 없는지 확인하시고 안전하게 하차하시기 바랍니다. 반올림역에 도착했습니다."

아르키와 매씨는 반올림 역에 내렸어요. 이제 마법사 할머니를 찾아가 마법의 물약을 먹기만 하면 집으로 갈 수 있어요. 아르키와 매씨는 마법사 할머니를 만나기 위해 꼬불꼬불 산길을 올라갔어요. 한참을 올라가는데 갈림길이 나왔어요.

"매씨야. 어디로 가야 할까?"

아르키가 고민을 하는 동안, 어디선가 장난기 가득한 표정에 우산처럼 생긴 버섯이 나타났어요.

"헤헤헤, 내가 어디로 가야 하는지 가르쳐 줄까?"

아르키가 기뻐하며 고마워하자, 버섯은 조건을 말하였어요.

"내가 내는 반올림 문제를 다 맞추면 길을 가르쳐 주마."

"반올림 문제? 그럼 그 문제는 이 매씨가 맞춰 주마."

매씨가 자신 있게 나서자 버섯이 비웃었어요.

수학자 해리엇에 대하여

옥스퍼드 대학교을 졸업한 후, 월터 롤리경의 수학 가정교사가 되었다가 그 인연으로 1585년 미국으로 가서 측량사가 되었어요. 천문학자로서 갈릴레이와 거의 같은 때에 망원경을 이용한 천체관측을 시작하여 목성의 위성을 관측하였으며, 태양의 흑점을 발견하고 물질의 밀도와 굴절률의 관계에 대한 중요한 고찰을 하였어요.

특히 유명한 것은 수학 영역에서의 방정식 연구인데, 인수분해를 이용한 최초의 인물이래요. 또 근과 계수와의 관계를 정식화하고, 부등기호를 도입하는 등 방정식의 해법을 포함하는 대수학의 기본을 정리했었어요. 저서로 『해석학의 실제』(1631) 등이 있으며 영국 최초의 대수학자로 꼽혀요.

"개가 반올림 문제를 풀 수 있다고? 푸하하."

"버섯이 반올림 문제를 내는데 개가 못 맞출 건 또 뭐야! 어서 내기나 해 봐."

버섯이 자신의 통통한 배에 힘을 주며 문제를 냈어요.

"3272를 반올림하여 십의 자리까지 나타내 봐."

매씨는 버섯이 낸 문제를 듣고 얼굴이 살짝 굳었어요.

"왜, 문제가 너무 어려워서 그러냐?"

"아니, 너무 쉬워서 그래. 십의 자리까지 나타내려면 일의 자리에서 반올림하면 돼. 그런데 일의 자리 숫자가 2니까 5보다 작아서 버려. 그러면 답이 3270이 돼."

"우와. 수학 잘 하는 개는 처음 본다."

"나도 마찬가지야. 수학 문제를 내는 버섯은 지구상에 너뿐일 거야."

"버섯을 무시하지 마라. 그럼 3272를 십의 자리에서 반올림하여 나타내 봐."

"음, 이 문제는 앞의 문제랑 비슷하지만 말을 정확히 이해해야 하지. 십의 자리에서 반올림하면 3272에서 십의 자리가 숫자

가 7이므로 5보다 커서 이 수는 반올림이 돼. 그래서 한자리 올려서 답은 3300이지."

매씨의 실력에 버섯은 깜짝 놀랐어요. 그리고 약속대로 길을 가르쳐 주었어요.

"오른쪽 길로 가면 초콜릿으로 지어진 집이 나올 거야. 거기가 바로 마법사 할머니의 집이야. 수학 잘하는 개야. 잘 가."

아르키와 매씨는 오른쪽 길로 접어들었어요. 또 한참을 걸어가자 드디어 초콜릿으로 지어진 집이 나타났어요. 배가 고팠던 아르키와 매씨는 참지 못하고 마법사 할머니의 집을 먹어 댔어요.

"아니! 누가 내 집을 마구 먹는 거냐? 엥? 게다가 사람은 개처럼 먹고 개는 사람처럼 먹고 있구나!"

마법사 할머니의 말에 아르키가 그동안 있었던 일을 이야기했어요.

"아하, 내 마법의 물약을 얻으러 왔다는 거구나. 그래, 나를 따라오려무나."

마법사 할머니는 아르키와 매씨를 마법약 제조실로 데려갔어요.

"너희도 알다시피 동화 나라에 약간 문제가 생겨서, 마법약 제조에도 너희 도움이 필요하단다."

"염려 마세요. 우리들이 힘껏 도울게요."

"자, 그럼 약을 만들어 볼까. 우리가 만들 약은 반드시 어림을 활용해야 해."

어림을 활용한다는 말에 아르키는 각오를 다졌어요.

마법사 할머니는 부글부글 끓고 있는 커다란 가마솥에 뭔가를 넣으려고 하다, 아르키에게 물었어요.

"여기에 약초 52kg이 있어. 약초를 20kg씩 담을 수 있는 통에 모두 담으려고 해. 그럼 통은 적어도 몇 개 필요하겠니?"

"음, 이 문제는 분명히 올림, 버림, 반올림 중에 하나를 선택해야 해. 매씨, 너는 뭘 선택하겠어?"

"올림이야."

"그래, 나도 그렇게 생각해. 52를 20으로 나누면 몫이 2이고 나머지가 12니까 2개의 통과 남은 12kg의 약초를 넣을 통이 1개 더 있어야 하지. 귀중한 약초 12kg을 버리기에는 너무 아까우니까. 따라서 적어도 3개의 통이 필요해요. 할머니."

마법사 할머니는 아르키가 무척 기특했어요.

"그래, 올림을 사용해야지. 귀중한 약초를 버릴 수는 없지."

이번에도 마법사 할머니가 무언가를 넣으려다 망설이고 있어요.

그건 바로 새벽 세 시에 파리 두 마리를 잡아먹은 개구리 48마리였어요. 마법의 물약을 만들기 위해서는 이 개구리들을 10마리씩 묶어서 가마솥에 넣어야 해요. 한 마리라도 모자라면 마법 물약의 효과가 없어진대요.

"아르키야, 지금은 올림, 버림, 반올림 중에서 어느 방법을 선택해야 하니?"

"음, 반드시 버림을 선택해야 해요. 48마리를 10으로 나누면 나머지가 8이 생기는데 이 8마리의 개구리로는 효과를 낼 수 없으니까요."

"그렇구나. 그럼 이 마법의 물약에는 개구리 10마리씩 4묶음만 넣어야겠구나."

마법사 할머니는 마법의 물약이 부글부글 끓기 시작하자 딱 3분간 더 끓인 후 물약을 떠냈어요.

"자, 아르키와 매씨는 서로 마주보며 동시에 이 마법의 물약을 마시렴."

아르키와 매씨가 마법의 물약을 마시자 감쪽같이 매씨의 얼굴과 아르키의 얼굴이 바뀌어 원래대로 돌아왔어요.

마법사 할머니는 아르키에게 집으로 타고 갈 빗자루를 내어 주었어요.

아르키가 빗자루에 올라타자 매씨가 말했어요.

"할머니, 저는요. 저도 같이 빗자루를 타고 가기는 힘들어요."

"호호, 그래. 너에게는 이것을 준비했단다."

마법사 할머니가 매씨에게 내민 것은 쓰레받기였어요. 아르키는 빗자루를 타고, 매씨는 쓰레받기를 타고, 둘은 드디어 그리운 집으로 돌아왔어요. 물론 걸리버 여행기는 원래 모습으로 돌아가 다시 아이들에게 재미난 이야기를 들려줄 수 있게 되었어요.

내용정리

수의 범위

이상은 기준이 되는 수를 포함하여 그 수보다 같거나 큰 수를 말해요.
12 이상은 수직선으로 다음과 같이 표시해요.

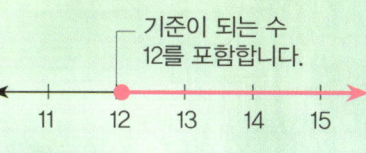

이하는 기준이 되는 수를 포함하여 그 수보다 같거나 작은 수를 말하죠. 20 이하는 이렇게 표시하지요.

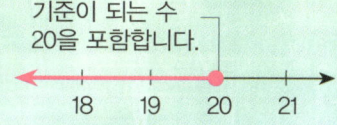

초과는 기준이 되는 수보다 큰 수를 말해요. 7 초과인 수를 나타내면 이렇게 됩니다.

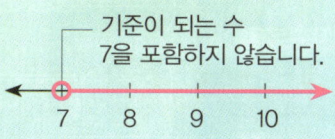

미만은 기준이 되는 수보다 작은 수를 말해요. 13 미만인 수를 나타내면 이렇게 됩니다.

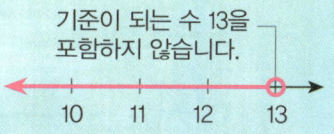

올림이란 구하려는 자리의 아래 수를 올려서 나타내는 것을 말해요.
버림은 구하려는 자리의 아래 수를 버려서 나타내는 방법이지요.
반올림은 구하려는 자리의 한 자리 아래 숫자가 0, 1, 2, 3, 4이면 0으로 버림을 하고, 5, 6, 7, 8, 9 이면 10으로 올림을 하여 나타내는 방법이에요.

역사에서 수학 읽기

수의 범위를 왜 배워야 할까요?

수는 그 끝을 알 수 없이 무수히 많기 때문에 의미가 있는 어떤 수를 가지고 싶다면 그 수를 직접 지정하든지, 아니면 수의 범위를 정해 주어 의미 있는 수들의 모임을 만들어 주어야 해요.

예를 들면, 경찰관들이 범인 검거를 위해 알려 주는 정보는 키가 160cm 이상 170cm 이하이고, 나이는 30세 이상 35세 이하이며,…… 등으로 수의 범위를 통해 수사 대상을 의미 있게 좁혀 가요.

수의 범위를 나타내는 수직선을 처음 만든 사람은 수학자 데카르트예요.

데카르트의 수학의 업적 중 가장 중요한 것은, 음수에 대한 개념을 자세히 다루었고 음수를 수직선에 나타낸 거예요. 데카르트는 스물두 살에 오늘날 쓰고 있는 좌표평면을 만들어냈어요. 좌표를 도입해 직선상에 양수와 음수, 영을 나타냄으로써 기하학에 새로운 길을 열었죠. 그 이전에는 그리스인이 만든 좌표법이 쓰이긴 했지만, 음수가 도입된 평면좌표계가 만들어진 것은 처음이었고 파격적인 아이디어였어요. 도형에 수학을 접목시켜 얻어낸 결과라고 할 수 있죠. 이로써 점과 수

데카르트

식을 하나로 보게 돼 도형과 수식이 통일되는 계기가 되었어요. 우리도 중고등학교에 올라가면 수학에서 직선이나 곡선이 식과 대응되는 것을 배우게 되지요. 데카르트 때부터 수학이 수의 변화를 나타내게 됐고, 미적분학이 생겨나는 토대가 마련되었답니다.